Günther Einecke

Unterrichtsideen
Integrierter Grammatikunterricht

Textproduktion und Grammatik / 5.–10. Schuljahr

Ernst Klett Verlag für Wissen und Bildung
Stuttgart · Dresden

Als Ergänzung zu den vorliegenden Unterrichtsideen ist erschienen:
Günther Einecke: Materialien. Unterrichtsideen Integrierter Grammatikunterricht. Textproduktion und Grammatik / 5.–10. Schuljahr

Klettbuch 922653

Gedruckt auf Papier, welches aus Altpapier hergestellt wurde.

Verzeichnis der Abbildungen

S. 8: Cartoon aus: Friedrich Jahresheft IV – „Lernen“, S. 148. Erhardt Friedrich Verlag, 1986.

S. 27: Zeichnung von Wilhelm Nüchter aus: Zeitschrift „Neue Deutsche Schule“ 15/16, 1988, S. 40.

S. 29: Zeichnung von Wilhelm Nüchter aus: Zeitschrift „Neue Deutsche Schule“ 17, 1988, S. 15.

Die Deutsche Bibliothek – CIP-Einheitsaufnahme

Einecke, Günther:
Unterrichtsideen integrierter Grammatikunterricht:
Textproduktion und Grammatik 5.–10. Schuljahr / Günther Einecke. –
Stuttgart; Dresden: Klett, Verlag für Wissen und Bildung
[Hauptbd.]. – 4. Aufl. – 1995
ISBN 3-12-922652-4

4. Auflage 1995

Gesamtherstellung: Wilhelm Röck, Weinsberg
Umschlaggestaltung: BBS Werbeagentur Sachse und Partner, Bietigheim
ISBN 3-12-922652-4

Inhalt

Detaillierte Übersicht der Sequenzen s. nächste Seite

Sequenztitel	Sachthema	Textsorten	Grammatisches Thema	Jg.
1. „Eisenbahn – Reisen“	Reiseerfahrungen	Erlebniserzählung, Erlebnisbericht, Phantasieerzählung	Wortarten (Nomen, Verb, Adjektiv) – Wortbildung, Wortfeld, Wortfamilie	5/6
2. „Vom Fliegen“	Fluggeschichten	Erzählungen, Nacherzählungen	Pronomen Textverflechtung	5/6
3. „Zeitsprünge“	Überraschende Ereignisse	Bildgeschichten, Berichte, Erlebnisberichte	Tempus (Präteritum), Temporalsatz, zeitliche Verknüpfung	5/6
4. „Gesucht wird ...“	Kriminalfälle	Beschreibungen, Fortsetzung von Geschichten, Kriminalgeschichten	Attribute	5/6
5. „Licht, Luft und Wärme“	Experimente	Beschreiben, Erklären; Versuchsbeschreibung	Satzverknüpfung, Gliedsätze (konditional, kausal, final, konsekutiv)	7/8
6. „Aus der Ferne“	Probleme der „Dritten Welt“	Inhaltsangabe	Inhaltssatz (daß-Satz, satzwert. Infinitiv, indir. Fragesatz)	7/8
7. „Papier herstellen“	Papierherstellung – Handwerk, Industrie, Hobby	Vorgangsbeschreibung, Anleitung	Passiv – Aktiv; Passivvarianten	7/8
8. „Standpunkte“	Silvester-Feuerwerk? Todesstrafe?	Stellungnahme, Leserbrief, Erörterung	Struktur und Mittel der Argumentation; Begründungen, Redewiedergabe, Satzgefüge	9/10
9. „Muttersprache im Vaterland?“	Männersprache – Frauensprache; Sprachveränderung	Übersetzungen, Paraphrasen, Umformungen (von Bildern, Grafiken, Tabellen, lit. Texten und Sachtexten)	Konnotationen, Stereotypen, Wortbildung; geschlechtsspezifischer Sprachgebrauch	9/10
10. „Herz – Schmerz“	Liebe – Annäherung und Entfernung	Assoziative Texte (Cluster-Technik), Briefe, Tagebuchtexte (Rollen-Texte), Versuche mit Gedichten und Liedern in freier Form, Ratgebertexte, szenische Texte (Dialogisierung)	Sprache der Gefühle – Expressionen; Formen der Verschlüsselung, der Kontaktaufnahme, des appellativen Sprechens	9/10

„Der Schüler soll nicht nur über die Worte, sondern vor allem über den Sinn und Inhalt dessen, was er gelernt hat, Auskunft geben können; der Nutzen, den er davon gehabt hat, soll sich nicht im Gedächtnis, sondern bei der Anwendung im Leben zeigen; der Inhalt der neuen Unterweisung muß sich auf hundertfache Weise ausdrücken lassen, er muß sich auf ganz verschiedene Objekte anwenden lassen; dann erst kann der Lehrer sehen, ob der Schüler das Wesentliche wirklich erfaßt und sich zu eigen gemacht hat. Es ist ein Zeichen von ungenügender Verdauung, wenn man die Speisen unverändert wieder von sich gibt, so wie man sie geschluckt hat; der Magen hat nicht funktioniert, wenn er das, was er zu verarbeiten hatte, nicht ganz und gar verändert und umgestaltet hat." *(Montaigne, 1580)*

Einleitung

Deutschlehrerinnen und Deutschlehrer, die sich neben ihrer täglichen Unterrichtsplanung noch um eine didaktische Orientierung bemühen, sehen sich für den Grammatikunterricht einer Flut verschiedener fachdidaktischer Konzepte ausgesetzt: systematische, strukturale, funktionale, situative, kommunikative, integrierte, kontrastive, handlungsorientierte Grammatik; Woge um Woge branden ältere, neuere oder auch nur neumodische Strömungen gegen sie an. Einerseits geht es häufig um die radikale „Lösung" der Probleme des Grammatikunterrichts von *einer* didaktischen Position aus. Andererseits wird in der Fachdidaktik auch vor ständigem Paradigmenwechsel gewarnt (vgl. E. Haueis 1987).

Die erfahrenen Lehrer wissen, daß sie im Unterricht viel mehr mit der Kombination verschiedener Lösungsangebote erreichen. Das spiegelt sich z. B. in folgendem:

Wenn sie erst einmal den Weg von der normativen Vermittlung des grammatischen Systems weg gefunden haben, stützen sie sich in ihrer Unterrichtsvorbereitung auf verschiedene Sprachbücher, kopieren und kombinieren vielerlei Materialien und nutzen unterschiedliche Erklärungsmodelle und Methoden – und das mit Recht –, da die vielen wissenschaftlichen Theorien auch nur jeweils bestimmte Aspekte des Gegenstands Sprache und Grammatik erfassen.

Die *Richtlinien* für den Deutschunterricht legen sich in der Regel nicht auf eine einzige, sie stützende sprachwissenschaftliche Theorie, z. B. die strukturalistische, semantische oder pragmalinguistische, fest. In der Mehrzahl der Bundesländer zeigen sie einen Grundkonsens, wie die Grammatik in den Deutschunterricht einbezogen werden soll: Sie soll *integriert* (oder: lernfeldübergreifend) und *funktional* erarbeitet werden. Dieser Grundsatz wird hier aufgenommen.

Konfrontiert sehen sich die planenden Lehrer ferner mit immer neuen Sprachbuchreihen, mit einer Fülle an Unterrichtsreihen in Fachzeitschriften und Beispielen in Handreichungen sowie mit einer großen Zahl an „Kurzgrammatiken" für den Unterricht.

Zum einen verlangen Lehrer in der Ausbildungs- und Anfangsphase nach praktischen Hilfen und „Rezepten". Manche erkennen jedoch nach und nach, daß das Handlungswissen in der Form von „Rezeptsammlungen", „Stundenblättern" oder Berichten von „durchgeführten Unterrichtsreihen" in Fachzeitschriften nicht effektiv tradierbar und auf die eigene Klasse anwendbar ist.

Zum anderen lassen sich viele Lehrer durch offenere Unterrichtsideen und Materialangebote anregen. So soll es hier nicht darum gehen, Beispiele erfolgreichen Unterrichtens „vorzuführen". Vielmehr sollen die Planungsroutinen und die methodischen Handlungsmöglichkeiten für einen integrierten und funktionalen Grammatikunterricht aufgearbeitet werden; und es sollen Unterrichtsideen sowie Materialien zusammengestellt werden, die dem *Kombinationsverlangen* der Kolleginnen und Kollegen entgegenkommen.

Dieses Kombinationsbedürfnis wird grundsätzlich als berechtigt angesehen, wenn die Lehrer Subjekte im Planungsprozeß und – mit ihren Schülern – auch im Lernprozeß sein sollen: Mit der Kombination verschiedener Materialien (Texte, Medien, Schülerprodukte, Anschauungsmittel) sowie verschiedener Zielkomplexe (inhaltliche Ziele, Methodenziele, soziale Handlungsziele sowie Ziele der verschiedenen Lernbereiche des Deutschunterrichts) entwickeln sie sich Unterrichtssequenzen, die dann individuell auf ihre Klassen ausgerichtet sind.

Alle Attribute eingeführt! ...

Eine Grammatikstunde

Lehrer: Also, zuletzt haben wir von den Attributen gehört. Welche kennt ihr denn?
Tanja: Adjektive.
Lehrer: Genauer!
Monika: Adjektivattribute.
Lehrer: Und was noch?
Werner: Genitivattribute.
Lehrer: Zum Beispiel?
Sandra: Das Haus des Vaters.
Lehrer: Wie fragt man?
Jens: Was für eins?
Lehrer: Heute sind die präpositionalen Attribute dran: zum Beispiel „das Haus am Strand". – Fragt mal danach! Oliver.
Oliver: Was für ein Haus?
Lehrer: Gut. – Schlagt im Sprachbuch Seite 48 auf und bearbeitet Aufgabe 3: „Schreibt alle präpositionalen Attribute heraus." ...

Natürlich fordert der integrierte Grammatikunterricht mehr Aufwand an Zeit und Ideen als ein solcher nur auf einzelne isolierte „Grammatikstunden" und allein auf das Sprachsystem orientierter Grammatikunterricht.
Dabei ist mit „Integration" sowohl die Zusammenführung des Grammatikunterrichts mit den anderen Lernbereichen des Deutschunterrichts auf der Ebene der Unterrichtsgegenstände gemeint als auch generell die Verknüpfung von Produzieren, Rezipieren und Reflektieren, also der drei Arbeitsformen, mit denen die Reflexion über Sprache sowie die Erweiterung des sprachlichen Wissens und die Steigerung des sprachlichen Könnens ermöglicht werden. Die Integration der Grammatik beginnt bereits bei der Jahres- oder Halbjahresplanung sowie der Planung von Unterrichtsreihen, wenn es darum geht, die Lernbereiche zu verknüpfen und das für die Schüler Neue mit dem schon Bekannten zu verbinden.

Funktionale Grammatik im integrierten Grammatikunterricht

Didaktische Entscheidung für die Integration und für die funktionale Grammatik

Die *Richtlinien* vieler Bundesländer für den Deutschunterricht der Sekundarstufe I lagern die Grammatik in einen Lernbereich „Reflexion über Sprache", „Sprachbetrachtung und Sprachübung", „Sprache" o. ä. ein. Zwar wird dieser Bereich „der besseren Übersichtlichkeit wegen" zumeist gesondert dargestellt, es wird aber ebenso deutlich erklärt, daß er mit den anderen Lernbereichen, nämlich „Umgang mit Texten" (oder: „Literaturunterricht") und „Mündliche und schriftliche Kommunikation" (oder: „Sprechen und Schreiben") sowie „Rechtschreibung und Zeichensetzung", zu verknüpfen ist. Die Sprachbetrachtung – und mit ihr der Grammatikunterricht – wird also in übergreifende Handlungszusammenhänge integriert.
Der *„Lehrplan Realschule. Deutsch. Klassenstufen 5–10. Schleswig-Holstein 1986"* regelt z. B.: „Die Lernfelder sollen nicht isoliert behandelt werden, sondern eine Verknüpfung ist soweit wie möglich anzustreben." (S. 2). Zur Verknüpfung wird für Jahrgang 7 z. B. vorgeschlagen, die Textsorten der Anleitung (Spielregeln, Kochrezepte etc.) zusammen mit den sprachlichen Mitteln der Anleitung (Imperativ, Passiv, Infinitiv, Modalverben) zu erarbeiten. (Ebd. S. 12)
Ähnliche Vorgaben zur Integration erfolgen z. B. auch in den gymnasialen Richtlinien für Nordrhein-Westfalen oder Niedersachsen, den Gesamtschulrichtlinien und den neuen Hauptschulrichtlinien NRW, den Lehrplänen und Lehrplanentwürfen für die Sekundarstufe I (Stand: 1987) in Hamburg (s. MittGermV 3/1987, S. 4 u. 8) und in den Revisionsabsichten in Hessen (ebd. S. 12).
Den Lehrern wird der integrierte Grammatikunterricht vorgegeben oder in der unterrichtlichen Konkretisierung weitgefaßter Richtlinien ermöglicht. Doch die Tätigkeit der Verknüpfung oder Integration selbst wird, abgesehen von einzelnen Hinweisen in den Richtlinien, weitgehend den Lehrern überlassen. Da die Integration einen höheren Aufwand erfordert als der traditionelle Grammatikunterricht, bedarf ihre Umsetzung bei der Unterrichtsplanung wie der -methodisierung sowie der Materialkombination der Unterstützung.

Verbunden mit dem Konzept der Integration wird in den meisten *Richtlinien* erwartet, daß die *funktionale Grammatik* angewandt wird:
Danach geht es in der Sekundarstufe I weder um die bloße Vermittlung der grammatischen Formen mit den entsprechenden lateinischen Bezeichnungen noch vorwiegend um Einsichten in den Bau der Sprache; vielmehr sollen die Schüler die Funktion der sprachlichen Mittel und Äußerungen in Sätzen, Texten und Kommunikationssituatio-

nen kennenlernen, um dadurch ihre eigene Sprachkompetenz und ihr Kommunikationsverhalten zu verbessern. Dabei werden natürlich auch Kenntnisse von der Sprache erworben.
So regelt der Lehrplan Realschule in Schleswig-Holstein (s. o.): „Die Schüler sollen ... bei der Behandlung grammatischer Phänomene jeweils die entsprechenden Funktionen erkennen und berücksichtigen." (ebd. S. 36; ähnlich auch Gymn. NW, S. 59; HS NW, S. 70)
Zur Vermittlung „grammatischer Kenntnisse" im engeren Sinne heißt es in der Regel: „Bei der Auseinandersetzung mit sprachlichen Äußerungen erwerben die Schülerinnen und Schüler eine Beschreibungssprache, die sie in die Lage versetzt, wichtige sprachliche Formen und Sachverhalte angemessen zu benennen. Sie erarbeiten diese Formen in ihrer Funktion im Sprachgebrauch und bezeichnen sie mit den entsprechenden Begriffen und Termini." (z. B. HS-Richtll. NRW, S. 70)
Man geht also von den Funktionen der Sprache – und dazu instrumentell ihrer Systemelemente und Formen – in Kommunikationsvorgängen aus und bestimmt so die Funktion des Bereichs Reflexion über Sprache für den gesamten Deutschunterricht.

Konsequenzen aus der fachdidaktischen Diskussion

Neben den Richtlinien spiegelt die fachdidaktische Literatur diesen Diskussionsstand, zum Beispiel:

> „Ein formaler Grammatikunterricht motiviert weder Schüler noch Lehrer und wird als Erwerb nutzlosen, toten Wissens empfunden, als eine vom Lehrplan auferlegte Pflicht. Die Besseres versprechende Alternative ist eine funktionale Sprachbetrachtung, bei der nicht die Form, sondern die Bedeutung sprachlicher Erscheinungen (Grammatik möglichst nie ohne Semantik!), ihre Leistung und Funktion im Kontext und in Sprachverwendungssituationen im Vordergrund der Betrachtung stehen: Wann und zu welchem Zweck verwendet man den jeweiligen sprachlichen Ausdruck? Was will man mit ihm im Unterschied zu anderen Formulierungen zum Ausdruck bringen? Wie wirkt er auf Hörer oder Leser?" (W. Ulrich 1988, S. 8)

Die Entscheidung für die funktionale Grammatik in einem integrierten Grammatikunterricht läßt sich unter folgenden didaktischen Aspekten nachvollziehen:

Aspekt der Motivation: Die Schüler der Sekundarstufe I lassen sich nur schwer in einem isolierten Grammatikunterricht zur Reflexion über Sprache motivieren. Zwar gelingt bei kurzen systematischen Lehrgängen immerhin eine kurzdauernde sekundäre Motivation, vor allem in unteren Klassen, wenn die Schüler schnelle Rückmeldung über ihren Lernfortschritt beim Auswendiglernen von Tabellen oder in Form von Testergebnissen, Grammatiknoten etc. erhalten.
Beispiel: „Heute befassen wir uns mit dem Kausalsatz" – und kurz danach die befriedigte Feststellung der Schüler: „Wir haben den Kausalsatz gelernt." Die Motivation, nun

neben der Begriffsvermittlung noch über Kausalsätze und ihre Rolle beim Sprechen, Lesen und Schreiben zu reflektieren, bleibt aus. Schon wegen der meist mit dem isolierten, systematischen Grammatikunterricht gegebenen Stoffülle kommt man über die „Einführungsstunden“ und kurze Anwendungsübungen nicht hinaus.
Für die Schüler müßte deutlich werden, daß eine genauere Auseinandersetzung mit einem sprachlichen Gegenstand einen übertragbaren Nutzen hat. Diese Transfererwartung ist bei den Schülern sehr stark und sollte als Chance genutzt werden (vgl. Bremerich-Vos 1981, S. 12). Den Nutzen der Arbeit an der Sprache können die Schüler auf zweierlei Wegen erfahren: Zum einen können sie *synchron* merken, daß das Kennen und Beherrschen grammatischer Elemente eine Funktion beim Umgang mit Texten und bei der Interpretation, beim Schreiben und in der mündlichen Kommunikation haben: Die „Pronominalverknüpfung“ benötigt man z. B. beim Schreiben von Texten.
Zum anderen können sie *diachron* erleben, daß die Erarbeitung grammatischer Phänomene eine Funktion in ihrer Schullaufbahn besitzt, wenn sie in einem Spiralcurriculum der Sekundarstufe I in höheren Jahrgangsstufen wiederaufgegriffen und erweiternd behandelt werden: Die Aktionsform „Passiv“ wird z. B. in Jg. 7 bei Experimentalbeschreibungen und in Jg. 9 bei Nachrichtentexten aufgegriffen.

Aspekt der Komplexität sprachlicher Phänomene: Will man die Besonderheit grammatischer Phänomene (z. B. Wort, Satz, Text, zugehöriger Formenbestand, grammatische Verfahren wie Flexion oder Kongruenz etc.) erfassen, dann ist nach ihrer Leistung und Funktion im Kontext größerer grammatischer Strukturen, Aussagen und Texte zu fragen. Die besondere Art und Funktion läßt sich im Unterricht nicht ohne den Zusammenhang mit rezipierten Texten (Literatur) oder produzierten Texten (Aufsätze) erarbeiten.
Beispiel: Der Kausalsatz wird in seiner Leistung nur im Zusammenhang eines vollständigen Satzes verständlich, der wieder mit anderen Sätzen zusammen einen Text bildet. Die Betrachtung der Form „Kausalsatz“ wird verbunden mit Überlegungen zum Inhalt, d. h. zum Anteil des Kausalsatzes an einer über ihn selbst hinausgehenden Aussage. So läßt sich z. B. sagen, daß der Kausalsatz eine Begründung für die im Hauptsatz stehende Aussage oder Forderung leistet. Er hat eine bestimmte Funktion im Satzgefüge und im Kontext. Die sprachlichen Elemente finden sich also jeweils in übergeordneten größeren sprachlichen Komplexen. Daher ist in einer didaktischen Reduktion das Bezugsfeld „Element – Komplex“ für die Schüler überschaubar zu machen: durch Elementarisierung, Vereinfachung, Veranschaulichung etc.
Die grammatischen Phänomene sind also nicht aus den Zusammenhängen herauszureißen, sondern in einem lernfeldübergreifenden Unterricht beim Umgang mit Texten sowie bei der mündlichen oder schriftlichen Textproduktion zu behandeln.

Aspekt des Verwendungszusammenhangs: Im außerschulischen Umgang mit Sprache machen die Schüler regelmäßig Erfahrungen auch mit grammatischen Phänomenen. An solche Verwendungssituationen, in denen den Schülern ein grammatisches Phänomen „natürlich“ begegnet, sollte die Reflexion über Sprache anknüpfen. Diese Situationen lassen sich im Unterricht *real erfahren* (z. B. in Projekten) oder *simulieren* (z. B. im Rollenspiel) oder *rekonstruieren* (z. B. aus Texten).

Beispiel: Der Kausalsatz taucht im natürlichen Verwendungszusammenhang der Argumentation auf, z. B. zur Begründung eines Wunsches, zur Verantwortung einer Entscheidung, zur empirischen Erklärung eines Sachvorgangs etc. Er sollte mithin nicht irgendwann, sondern gerade im Zusammenhang solcher Situationen und Texte auch im Unterricht reflektiert und benutzt werden. Die grammatischen Phänomene haben eine *interpersonale Funktion* in der Kommunikation mit anderen Personen: Die Argumente z. B. werden anderen Menschen gegenüber vorgebracht. Die Phänomene haben außerdem eine *intrapersonale Funktion* in der Kommunikation mit der eigenen Person: Die Argumente werden zunächst im eigenen Kopf erwogen. Grammatische Phänomene ermöglichen eine Verständigung im Zusammenhang menschlichen Handelns und Erkennens.

Gerade in der Sekundarstufe I müssen die Schüler den „Gebrauchswert" der Reflexion über Sprache nachvollziehen können. Sie müssen merken, daß es ihre Interessen, ihr Leben betrifft: Also, wie sieht das bei der Argumentation mit Kausalsätzen aus? Geht es thematisch um die Entscheidung über die Höhe des Taschengeldes, über die Anschaffung eines Videogerätes in der Familie, über die Dauer des Ausgangs am Abend für die Heranwachsenden etc.? Die Lebenssituationen, in denen argumentiert wird, sind von Bedeutung.

Bei der Konzentration auf den Verwendungszusammenhang von Sprache muß die inhaltliche Ebene des Unterrichts wichtig genommen werden: Der Unterricht müßte etwas mit der Vorbereitung auf „Lebenssituationen" (S. B. Robinsohn 1973) zu tun haben.

Aspekt der sachlogischen Differenzierung: Bei der funktionalen Betrachtung grammatischer Phänomene fragt man zudem nach der Rolle des sprachlichen Elements auf drei Ebenen:

Syntax:	Welche Rolle spielt z. B. das Prädikat im Satz?
Semantik:	Welche Rolle spielt z. B. das Adjektiv bei Wertungen?
Pragmatik:	Welche Rolle spielt z. B. der Kausalsatz in einer Rechtfertigungssituation?

Diese Fragen richten sich zunächst konkret auf die gerade vorliegenden Sätze, Wertungen, Situationen. Sie werden dann verallgemeinert: die grundsätzlichen Leistungen von Prädikaten in der Syntax, von Adjektiven in der Konstitution von Bedeutungen, der Kausalsätze in ihren Verwendungszusammenhängen. So findet hier – didaktisch gesehen – ein Aufstieg vom Konkreten zum Abstrakten, vom Besonderen zum Allgemeinen statt. Dieser Vorgang der *Abstraktion* ist ein wesentlicher Ablauf der funktionalen Betrachtung. Die *sprachlich-stilistische Funktion* und die *kommunikative Funktion* eines sprachlichen Phänomens wären in der Planung also sachanalytisch vorzubereiten.

Das fachdidaktische Prinzip der funktionalen Grammatik im integrierten Grammatikunterricht bedeutet für den planenden Lehrer:

- eine Abkehr vom isolierten, an einzelnen künstlichen Beispielsätzen durchgeführten Grammatikunterricht, der das grammatische System möglichst vollständig abbilden will, und

– eine Hinwendung zu einem Unterricht, in dem nicht einfach grammatische Formen gelernt werden, sondern über die sprachlichen und kommunikativen Funktionen nachgedacht wird; es bedeutet somit eine Hinwendung zur *„Reflexion über Sprache"*.

Die fachdidaktische Diskussion hat seit Jahren das Konzept des integrierten Grammatikunterrichts und der funktionalen Grammatik entwickelt und unterstützt (s. z. B.: W. Ingendahl 1974; D. Wunderlich 1975; R. Ulshöfer 1977; H. Zabel 1977; B. Stadler 1978; W. Boettcher / H. Sitta 1978; R. Roche 1980; W. Schmidt 1981; W. de Schmidt 1982; C. Siefer 1982; G. Einecke 1982; D. Boueke 1984; W. Ulrich 1988; H. D. Erlinger 1988; H. J. Heringer 1989; J. Baurmann / H. Hacker 1989).
Die Konzepte des „verbundenen Deutschunterrichts" der „Konzentration im Deutschunterricht", des „ganzheitlichen Deutschunterrichts" und des „lernbereichsübergreifenden Deutschunterrichts" sind mit dem Ansatz der Integration verwandt. Vertreter des systematischen Grammatikunterrichts haben sich inzwischen zumindest von der präskriptiven zur funktionalen Grammatik gewandt (s. Sandfuchs 1984). Es fehlt nur noch der Schritt, daß die grammatischen Phänomene auch dort aufgesucht werden, wo sie funktional sind: in den sprachlichen Verwendungszusammenhängen, die im Unterricht beim Umgang mit Texten und Sprechsituationen sowie bei der eigenen Textproduktion bereitgestellt werden.

In der fachdidaktischen Diskussion zum integrierten Grammatikunterricht haben sich drei Probleme herausgestellt, die in der Praxis zu überwinden sind:

1. Die Präsentation sprachlicher Kontexte, in denen die grammatischen Phänomene vermittelt werden, darf kein billiger Motivationstrick sein, nach dem die Schüler dann alsbald allein auf grammatisches Pauken umgepolt werden. Die in den Texten und Situationen enthaltenen *Inhalte,* die außersprachlichen Sachverhalte, müssen für die Schüler des betreffenden Alters *Bedeutung* haben. Zwei Ebenen von Unterrichtsinhalten im Fach Deutsch sind ja zu unterscheiden: zum einen die fachspezifischen Inhalte (Texte, sprachliche und künstlerische Phänomene, fachspezifische Begriffe und Methoden etc.), zum anderen die in Sprache und Texten vermittelten Inhalte (Ausschnitte aus der vergangenen, gegenwärtigen oder denkbaren Erfahrungswirklichkeit). Für die Schüler der Sekundarstufe I ist die Auseinandersetzung mit der in Sprache und Texten vermittelten Realität von primärem Interesse, während die fachspezifischen Inhalte durch den Unterricht an sie herangetragen werden.
   → Aufgabe: Auswahl relevanter Sachinhalte

2. Die Schüler dürfen den Wechsel von der Ebene der Sachinhalte zur Ebene der sprachlichen Reflexion nicht als völligen Bruch erleben. Das gelingt dann am besten, wenn Themen und Situationen gefunden werden, für die die *Reflexion über Sprache* einen sach- und themenadäquaten *zusätzlichen Erkenntnisgewinn* ermöglicht, d. h. wenn die Sachverhalte nicht nur Aufhänger für Grammatik sind, sondern die Besprechung der angezielten grammatischen Phänomene von erhellender Aussagekraft für die Themen, Texte und Situationen ist.
   → Aufgabe: Erhellung der Sachinhalte durch die sprachliche Reflexion

3. Es wird bei der lernfeldübergreifenden Arbeit darauf ankommen, daß die verschiedenen *Themen der unterschiedlichen Lernbereiche* erhalten bleiben: Die Schüler müssen erkennen können, wann es – dem Schwerpunkt nach – um grammatische Themen und Aufgaben geht, wann um literarische und wann um aufsatzkundliche. Im Rahmen des integrativen Konzepts übernimmt ein Lernbereich jeweils die „Stimmführung", während Fragestellungen der anderen Lernbereiche untergeordnet erhalten bleiben.
Boueke schlägt vor, „unter prinzipieller Beibehaltung des ‚integrativen' Ansatzes den einzelnen im Sprachbuch angebotenen und im Unterricht realisierten Unterrichtseinheiten doch so etwas wie einen lernbereichsorientierten Schwerpunkt zuzuweisen" (Boueke 1984, S. 366). Das bedeutet, daß die Lernbereiche Textproduktion/Aufsatzerziehung/Schreiben sowie Textrezeption/Literaturunterricht/Umgang mit Texten erhalten bleiben und daß jeweils an sie der Bereich Reflexion über Sprache/Grammatikunterricht angebunden wird.
Aus der Perspektive der Schüler im integrierten Grammatikunterricht wäre zu ergänzen: Die Deutschlehrer sollten die Kombination lernbereichstypischer Anteile einer Unterrichtseinheit nicht nur mit dem eigenen Überblickswissen für sich selbst als Planende vornehmen, sondern sie den Schülern transparent machen. Den Schülern wird gezeigt, daß Rezeption, Reflexion und Produktion zusammenhängen; ihnen wird deutlich gemacht, in welchem Teilbereich sie gerade agieren und welchen Nutzen und Sinn die Verknüpfung im konkreten Beispiel jeweils hat.
→ Aufgabe: explizite, transparente Integration

Didaktische Reduktion: ein grammatischer Basiskatalog

Lehrerzimmer – 2. Große Pause – Kollegengespräch

Kollege Werner:	Also, ich untersuche da gerade in der 8b ein Gedicht, in dem viele Pronomen vorkommen; frage die Klasse: Was ist das denn nun für eine Wortart? Reaktion: Öhhh, Grammatik! Nur zwei melden sich! – Sie hatten die Klasse doch früher!?
Kollegin Wirth: (empört)	Na, hören Sie mal! Wie auf der Fachkonferenz beschlossen, habe ich die Pronomen in der 6. Klasse eingetrichtert. Was hab ich mir Mühe gemacht: die verschiedensten Arten ... Personal ... Demonstrativ ... Reflexiv ... Relativ ... Interrogativ ... für alle Schüler eine Übersicht aus der Grammatik kopiert ... danach eine Grammatikarbeit ... und, und, und!
Kollege Werner:	Immer dasselbe: kein Gedächtnis, kein Interesse!

„Wieviel Grammatik braucht der Mensch?"

Diese Frage hält die Lehrer seit Jahrzehnten in Atem (K. Gaiser 1950; H. Ivo 1975; Loccumer Protokolle 1982; W. Boettcher u. a. 1982).

Fachdidaktiker erklären z.B.: „Die Antwort auf diese Frage hängt davon ab, was man unter ‚Grammatik' versteht. Versteht man darunter die Regeln, die jeder unbewußt beherrscht, der eine Sprache spricht, dann lautet die Antwort: Möglichst die gesamte Grammatik! ... Versteht man aber unter Grammatik die Regeln, die ausdrücklich formuliert werden, um einen bestimmten Sprachaspekt zu beschreiben, so lautet die Antwort: Ein Mensch braucht soviel Grammatik, daß er seine sprachlichen Schwierigkeiten bewältigen kann." Dabei geht es in erster Linie um die Vermeidung von „Verständigungspannen" (z.B. Doppeldeutigkeiten, zu komplizierte Sätze, Verstehensstörungen), um den Schutz vor negativer „Bewertung abweichenden Sprachverhaltens" (z.B. bei Dialektsprechern, soziolektbedingten Abweichungen, spracherwerbsbedingten Problemen etwa bei Gastarbeiterkindern) und die „Stützung des eigenen (nicht auf alle Anforderungen bereits vorbereiteten) Sprachgebrauchs" (z.B. bei der Überarbeitung schriftlicher Texte).

Dabei wird eingeräumt: „Die alte Hoffnung des schulischen Grammatikunterrichts, daß grammatische Regelkenntnis direkt zum korrekteren Sprechen führt (daß also Regelwissen Regelbefolgung nach sich zieht), ist ein großer, folgenschwerer Aberglauben". (W. Boettcher u.a. 1982, S. 94f.)

Empirische Untersuchungen zu den Leistungen des Grammatikunterrichts sind äußerst rar; erst recht läßt sich auf diesem Wege noch nicht der Erfolg unterschiedlicher didaktischer Konzepte bestätigen; allenfalls kann man verlangen, daß der Grammatikunterricht nicht überbewertet werden sollte, solange seine Ergebnisse unklar sind.

So kommt es zum Beispiel zu der These, daß das sprachliche Können vornehmlich durch das „Sprachgestalten", d.h. durch Sprechen und Schreiben auf der Grundlage komplexer Aufgaben gesteigert werden kann (Beisbart 1971, S. 119). Nach Durchsicht der verfügbaren empirischen Untersuchungen kam D. C. Kochan 1970 bei der „Frage nach Inhalt und Umfang des Grammatikunterrichts" zu der Feststellung: „Doch die Erörterungen zu diesem Thema sind vorwiegend theoretisch oder aber ‚auf allgemeinen Erfahrungen gründend' geführt worden. Empirische Befunde liegen nicht vor."

Entsprechend ist die Situation für das Problem der Methodeneffektivität. 1974 konnte er immerhin aus einer Untersuchung von Ramge ergänzen: „... eine Förderung der sprachlichen Fähigkeiten des Kindes [ist] nicht dadurch zu erreichen, daß man ihm grammatische Regeln und Begriffe beibringt, sondern daß durch variierende Sprechsituationen das Kind ein Bewußtsein dafür erhält, was es mit ‚Sprache' zu bewirken vermag." (D. C. Kochan 1975, S. 111, 190). Bei diesen Feststellungen war der Blick auf die Steigerung der sprachlichen Kompetenz gerichtet. Inwieweit grammatische Kenntnisse einen Wissenswert für sich haben (sollen), ist damit empirisch noch nicht geklärt.

„Welche sprachlichen Probleme haben die Schüler?"

Empirische Untersuchungen und Erfahrungsberichte zur Verteilung sprachlicher Fehler und Mängel in Schülertexten können zu grammatischen Schwerpunktthemen führen. Empirisch erhoben ist zunächst die Rolle wohl grammatisch bedingter Fehler für Teilbereiche des Feldes „Orthographie" (J. Riehme, 1986, S. 5).

Bei der Analyse von über 100 000 grammatischen und orthographischen Fehlern in Diktaten und Aufsätzen der Klassen 5–10 in den Jahren 1976–1980 kam man in der DDR auf folgende, mit Blick auf den Grammatikunterricht relevante Fehlerverteilung:

– Fehler bei der Interpunktion	25,6% (aller Fehler)
– Fehler bei der Groß- und Kleinschreibung	16,4%
– Fehler bei der Flexion u. im Bereich der Affixe	10%
– Fehler bei der Getrennt- und Zusammenschreibung	5%
– Fehler bei der Schreibung von „das – daß“	4,2%

(J. Riehme 1986, S. 112 f.)

Grammatisch relevante Verteilung der Rechtschreibfehler in einer anderen Untersuchung (2000 Aufsätze Ende 10. Klasse):

– Klein- statt Großschreibung der Nomen	13,9%
– Groß- statt Kleinschreibung	9,3%
– „das“ statt „daß“	8,6%
– Flexionsendungen falsch/fehlend (außer Dat./Akk.)	5,8%
– Getrennt- statt Zusammenschreibung	5,3%
– Dativendungen falsch	3,9%
– Akkusativendungen falsch	2,7%
– Zusammen- statt Getrenntschreibung	2,5%
– „daß“ statt „das“	0,6%

(Praxis Deutsch 69/1985)

Eine repräsentative Untersuchung von Aufsätzen in der Klasse 5 aus dem Jahre 1971 gibt über die Orthographie hinaus Hinweise auf syntaktische Schreibprobleme (s. Bütow u. a. 1979):

Keine Schwierigkeiten hatten Schüler bei:
- Umstellung der Satzglieder
- Gebrauch der Temporalangaben
- Gebrauch der Lokalangaben
- Gebrauch der Objekte

Schwierigkeiten hatten die Schüler bei:
- Kausalangaben
- Modalangaben
- Attribuierung von Nomen im Vorfeld
- Gebrauch der Personalpronomen

ca. 75% der Normfehler stammen aus grammatischem Unwissen, u. a.:
- 40% der Fehler in der Interpunktion
- 10% der Fehler im Kasusgebrauch
- 8% bei der Groß-/Kleinschreibung
- 5% der Fehler bei das/daß
- 5% bei der Getrennt-/Zusammenschreibung

Eine Untersuchung der Rechtschreibfehler in Diktaten von Hamburger Schülern zeigte u. a. dies Bild:

– Groß- und Kleinschreibung	35% der Fehler
– Zusammen- und Getrenntschreibung	13%
– Grammatisch bedingte Fehler (daß-das)	11%

(W. Boettcher 1983, S. 231)

In einer Untersuchung von Abituraufsätzen in der deutschsprachigen Schweiz von 1978 geht H. Villiger auch auf Schreibprobleme ein, die sich im Formulierungsverhalten über die Satzgrenzen hinaus einstellen:
Danach haben von 1962 bis 1978 „die Verstöße gegen die Regeln der Orthographie und der Interpunktion in spektakulärem Ausmaß zugenommen, nämlich um 32%. Noch schlimmer steht es mit den Mängeln der Textgestaltung, die über die Grenze des selbständigen Satzes hinausreichen, mit dem also, was ich in Theorie und Praxis der Sprachschulung seit langem als Sprachlogik bezeichne: Fehler dieser Art haben um nicht weniger als 34% zugenommen." Die Anteile:

	1962	1978
– orthographische Fehler	7,2%	8,9%
– Interpunktionsfehler	13%	15,4%
– sprachlogische Mängel*	11,4%	14%

* Damit sind gemeint z.B. falscher Perspektivwechsel und Wechsel der grammatischen Rollen Subjekt – Objekt; unkontrollierter Wechsel des Numerus; falsche Ersetzung von Nomen durch Synonyme und Teilsynonyme in Folgesätzen; unklare Beziehung der Pronomen; unbegründet abweichende Abfolge der Satzglieder; etc. (H. Villiger 1984)

Auch W. Eichler untersucht satzübergreifende Mängel in Schüleraufsätzen ab Jg. 11 und ermittelt folgende Schwerpunkte:

- Schüler arbeiten mit inhaltsleeren Pattern und Leerformeln („der kleine Mann, in der heutigen Zeit..."):
- sie bewältigen nicht ihre hyperkomplexe Syntax (syntaktische Zusammenbrüche, falsche Verwendung des Kasus und der Präpositionen, Überfüllung vorangestellter Attribute und Häufung von Genitivattributen);
- übertriebene Bildlichkeit und bildliche Versatzstücke führen zu semantischen Unverträglichkeiten. (W. Eichler 1977, S. 261 ff.)

Aus der Erfahrung nennen Autoren in Sprachbüchern wichtige Verstöße gegen die Grammatik:

- kein Komma bei Hauptsatz-Gliedsatz, erweitertem Infinitiv, Apposition
- das-/daß-Problem
- Steigerung nicht steigerungsfähiger Adjektive (am optimalsten)
- Nachklapp bei der Prädikatsklammer („Der Satz war, obwohl..., weil..., zerstört.")
- Nominalstil
- Stilblüten (durch unverträgliche Bilder)

(Schreibweisen 1983, S. 163 ff.)

- mangelnde Kongruenz beim Artikel, beim Relativsatz, zwischen Subjekt und Prädikat, beim Adjektiv
- Flexionsfehler (Dat., Akk.)
- inhaltlich falscher Gebrauch von Präpositionen
- falsche Zeitenfolge
- fehlender Konjunktiv
- falsche Komparation (als/wie)

(Basiswissen Deutsch 1984, S. 26)

„Welche Sprache müssen die Schüler heute beherrschen?“

Die Statistik zum heutigen Sprachgebrauch könnte zu weitgehende grammatische Differenzierungen ausschließen helfen:

- In der Schriftsprache („populärwissenschaftliche und journalistische Prosa“) zeigt sich ein weitgehender Verzicht auf Nebensätze: 50% aller Sätze sind einfache Hauptsätze; wenn Nebensätze eingesetzt werden, dann ist es meist nur ein Nebensatz; 65–70% aller Nebensätze sind Relativsätze, an zweiter Stelle folgt der daß-Satz, während der Konjunktionalsatz zurückgeht (Eggers 1968); das würde heißen, daß die Behandlung der Syntax sich auf die Hauptsätze zu konzentrieren hätte.
- Wenn komplexe Sätze benutzt werden, dann eher Satzgefüge als Satzverbindungen (Kupfer 1968).
- Im Bereich der Hauptsätze benutzen zehnjährige Schüler von den im Duden (IV 1966, S. 504 ff.) aufgeführten 17 Satzbauplänen nach Braun (1965) nur 6,5 – nach Kupfer (1968) nur 9 Satzbaupläne.
- Die Gliedsatzverteilung ergibt nach Wodzinski (1969) bei Schülern des 8. Schuljahrs

im Schriftlichen:		im Mündlichen:	
Temporalsatz	31,5%	Inhaltssatz	34%
Inhaltssatz	21,2%	Konditionalsatz	18,5%
Relativsatz	18,9%	Relativsatz	15,3%
satzwertiger Inf.	10,4%		

(alle bei Kochan 1975, S. 65, 79, 90)

Nach all diesen Übersichten ist zum einen festzuhalten, um welche Bereiche es bei der grammatischen Aufarbeitung von Fehlerstellen geht, zum anderen wäre didaktisch zu entscheiden, auf welches Maß im Vergleich zum statistischen Mittel die sprachliche Leistung der Schüler zu erweitern wäre. Zumindest müßten die im statistischen Maß liegenden sprachlichen Formen im Unterricht abgesichert werden: also wäre z. B. der Temporalsatz wichtiger als der Konzessivsatz.
Für diese *Aufarbeitung von Fehlerstellen in Schülertexten* kommt besonders die Methode der Textüberarbeitung und der Arbeit an Schülertexten in Frage; die Übersichten zeigen, daß es sich nur um einen engeren Ausschnitt aus dem gesamten Sprachsystem handelt.

„Welche Menge grammatischer Phänomene verlangen die Richtlinien?“

Für die Entscheidung, welche grammatischen Phänomene (z. B. „Adjektiv“, „Temporalsatz“, „Subjekt“) im Unterricht gezielt behandelt werden müssen, geben die *Richtlinien* entsprechende Festlegungen. Bei der Auszählung kommt man in den Lehrplänen allein für die Jahrgänge 5/6 z. B. auf folgende Mengen (NW = Nordrhein-Westfalen, SH = Schleswig-Holstein):

Richtlinien: Grammatische Einzelphänomene

Schulform:	Grundsch.	Gesamtsch.	Realsch.	Gymn.
Jg. 1–4	35*			
Jg. 5/6		64*	80*	96*
Jg. 5/6		47 NW	65 SH	70 NW

* Im Bundesdurchschnitt

(nach: Diskussion Deutsch 65/82; 69/83 und eigene Zählung)

Auch bei integriertem Ansatz in den Richlinien besteht noch die Gefahr, daß in einzelnen Jahrgängen der grammatische Betrachtungsaspekt überproportional im Deutschunterricht durchschlägt, noch dazu, wenn man merkt, daß er sich überall einbeziehen läßt. Die „Richlinien Deutsch. Gymnasium. Nordrhein-Westfalen, 1978" weisen im 5. und 6. Jahrgang z.B. dem Bereich „Reflexion über Sprache", der nicht isoliert werden soll und in dem rein grammatische Phänomene auch nur einen Teil ausmachen sollen, maximal 20% der Unterrichtszeit zu: bei 4 Wochenstunden Deutsch und 40 Unterrichtswochen kommt man in der Unterstufe also jährlich auf ca. 30 Stunden pro Schuljahr (getrennt gesehen). Und in dieser Zeit wären in der 5. und 6. Klasse also die 70 grammatischen Ordnungsbegriffe zu vermitteln und mit Inhalt zu füllen.

Die Kontroversen um die Übernahme der vielen wissenschaftlichen Grammatikmodelle aus der Hochschule in die Schule haben sich gelegt, und der schulische Konsens ist auf eine *lateinische Basisgrammatik* unter sinnvollem methodischen Einsatz einzelner Modellelemente aus den verschiedenen wissenschaftlichen Grammatiken (z.B. Strukturbäume, Proben, ...) hinausgelaufen.

Nun sieht sich der planende Lehrer neben der didaktischen Forderung nach einer funktionalen Grammatik in einem möglichst integrierten Grammatikunterricht noch einer großen Menge an grammatischen Phänomenen ausgesetzt, die nach den Richtlinien im Unterricht zu vermitteln wären. Es häuften sich sogar die Stimmen, daß das „Verzeichnis grammatikalischer Fachausdrücke" der KMK (s. KMK-Verzeichnis) mit seinen 170 Fachbegriffen den Umfang des Lernstoffs anzeige. Dabei sollte es nur einer Vereinheitlichung im Sprachgebrauch dienen und keineswegs Quantitäten für den Unterricht festlegen!

Aber auch noch in den Richtlinien zeigt sich z.T. der Widerspruch, daß zum einen der didaktische Ansatz der Reflexion über Sprache verfolgt werden soll, für den tatsächlich mehr Zeit nötig ist als für ein „abhakendes" Eintrichtern grammatischer Begriffe, daß zum andern noch große Stoffkataloge für die „Grammatik" vorgegeben werden – und das alles bei begrenzter, in den Klassen 9 und 10 oft auf 3 Wochenstunden verkürzter Unterrichtszeit für das Fach Deutsch.

Hier muß also eine deutliche *didaktische Reduktion* – auch noch in der Planung unterhalb der Richtlinienebene – vorgenommen werden, mit dem Wagnis einer Auswahl des Wesentlichen, eventuell des Exemplarischen. Natürlich ruft ein solcher Katalog heftigen fachdidaktischen Widerspruch hervor. Aber es dürfte ja bekannt sein, daß im Unterricht ohnehin nicht alle verlangten grammatischen Phänomene vermittelt und schon gar nicht von den Schülern rezipiert werden. Das ist die Realität. Und Befragungen von Schülern weisen aus, „daß der Grammatikunterricht im Urteil der Schüler eine prominente Rolle spielt – im negativen Sinne." (A. Bremerich-Vos 1981, S. 10) Lehrziele, Unterrichtsgegenstände aus dem Bereich der Grammatik und Schülerhorizont wären in einer didaktischen Entscheidung zusammenzuführen.

„Welche Menge an grammatischem Stoff wollen die Lehrer?"

Bereits 1975 wurde auf der Landesfachkonferenz der Deutschlehrer an Gesamtschulen in NRW ein „Minimalkatalog" diskutiert. Dabei wurden „nach grober Einschätzung unter dem Kriterium der Komplexität sprachlicher Phänomene" Zuweisungen zu Jahrgangsstufen innerhalb der Sekundarstufe I (5.–10. Jahrgang) vorgenommen:

(a) = eher in der 1. Hälfte der Sekundarstufe I,
(b) = eher in der 2. Hälfte der Sekundarstufe I.

Dies bedeutet, daß sie in den Jahrgängen 5–7 oder 8–10 explizit thematisiert werden sollten, auch wenn andere grammatische Phänomene natürlich ebenfalls im Sprachgebrauch „vorkommen". „Gleichzeitig ist damit geradezu gefordert, Formen permanenter Wiederholung und Anwendung zu berücksichtigen."

Minimalkatalog „Grammatik" – Sekundarstufe I (Protokoll LFK 1975)

Operationale Verfahren

1) paraphrasieren/sinngebundenes Umschreiben mit anderen Worten
2) substituieren/ersetzen
3) permutieren/umstellen, verschieben
4) erweitern, ausbauen
5) reduzieren/weglassen
6) segmentieren/in Einheiten gliedern
7) umwandeln (komplexe Formen: z. B. Erzählen mit veränderter Perspektive)
8) Klangproben

Wort

- Nomen/Substantiv (a)
- Verb (a)
- Adjektiv (a) (Partizipien I, II)
- Pronomen als Begleiter und Stellvertreter des Nomens (a)
- Partikeln als Restgruppe (a) (Konjunktion, Präposition, Adverb) (b)
- Wortbildungen (a, b)

Satzglieder

- Subjekt (a)
- Prädikat (a)
- weitere Glieder innerhalb der Prädikatsgruppe (a)
- Attribut als Satzgliedteile (a, b)

Satz

- Hauptsatz, Gliedsatz (a)
- komplexe Formen des Gesamtsatzes (b)
- satzwertige Glieder (Infinitive, Partizipien) (b)

Text

- Formen der Textverflechtung (a, b)
- Beziehungen zwischen Sinnabschnitten, z. B. Denkbeziehungen (Gründe, Folge, Zweck ...) (a, b)
- Textsemantik (z. B. Erschließen von Bedeutungen aus dem Kontext) (a, b)

Modi		Aktionsart		Tempus		Redeerwähnung, Redewiedergabe
Indikativ	(a)	Aktiv	(a, b)	Präsens	(b)	direkte Rede (a)
Interrogativ	(a)	Passiv	(a, b)	Perfekt	(b)	indirekte Rede (a, b)
Imperativ	(a)			Präteritum	(b)	
Konjunktiv I, II	(b)			Plusquamperfekt	(b)	

Die eigentliche Liste grammatischer Lernstoffe ist durch zahlreiche Weglassungen entstanden.

Wort: Neben drei Hauptwortklassen sind im wesentlichen zwei Gruppen aufgeführt; dadurch erübrigen sich viele Unterscheidungen.
Satzglieder: Neben den zentralen Satzgliedern Subjekt und Prädikat sind lediglich weitere Gruppen von Satzgliedern unterschieden, die bei Textproduktion und Textrezeption besonders wichtig sind.
Satz: Auf die Spezifika bei Gliedsätzen und auf Unterscheidungen bei Satzzusammensetzungen ist verzichtet worden.
Text: Auf spezifische Formen und auf Terminologie ist verzichtet worden.
Modi: Die Zusammenstellung legt nahe, z. B. zwischen einer Frage als Sprechhandlung oder einer Aufforderung und grammatischen Indikatoren des Interrogativ oder Imperativ zu unterscheiden und nicht einfach Satzarten zu klassifizieren.
Aktionsart: Auf Unterscheidungen des Passiv ist verzichtet worden.
Tempus: Die Formen Futur I, II sind weggelassen; sie sollten eher als Modalitäten betrachtet werden.

Insgesamt beruht der Katalog auf der Einschätzung, daß die aufgeführten Nennungen im Laufe der Sekundarstufe I explizit im Unterricht zur Sprache kommen sollten und zur Unterscheidung grammatischer Phänomene im Unterricht genügen können.

Für die *didaktische Reduktion* des grammatischen Stoffs wurde 1988 eine Erhebung unter 95 Deutschlehrerinnen und -lehrern der Sekundarstufe I von mir durchgeführt mit der Aufforderung:
„Notieren Sie die *grammatischen Phänomene,* die nach Ihrer persönlichen Erfahrung/ Einschätzung in der *Schullaufbahn der Schüler die wichtigsten* sind,
- ‚wichtig‘, weil sie eine Funktion in den anderen Teilbereichen haben, z. B. für den Umgang mit Texten oder die Textproduktion;
- ‚wichtig‘, weil sie eine Funktion im Spiralcurriculum haben, indem sie in verschiedenen Jahrgängen eine Rolle spielen.“

Dabei sollte das „‚grammatische Minimum‘ als Erfahrungswert“ mit dem aus der Erfahrung eingeschätzten „Sollwert“ (Boettcher/Sitta 1979, S. 21) in Verbindung gesehen werden, so daß ein realistischer Minimalkatalog entstehen könnte.
Die Erhebung zeigte folgende *Rangfolge* in der Einschätzung:

1. Tempusgebrauch (Zeitformen/-stufen/-perspektiven)
2. Aktiv-Passiv (Genus verbi)
3. Modus: Indikativ-Konjunktiv (+ Imperativ, Modalverben)
4. Wortarten (allgemeine Bestimmung u. Funktionen)
5. Adjektiv/Adverb (Unterscheidung; Flexion, Steigerung)
6. Syntax – HS/GS (Bestimmung, Satzbaumuster, Stellung)
7. Satzglieder (allgemeine Bestimmung, Stellung, Inversion)
8. Verben (Arten, Formen)

9. Konjunktionen (bes. kausal, temporal)
10. Prädikat (fin. Verb; Stellung)
11. Nomen
12. Pronomen
13. Subjekt
14. Objekte
15. Gliedsätze (Arten, Funktionen)
16. Adverbiale/adv. Bestimmungen
17. Attribute
18. Deklination der Nomen
19. Satzreihe vs. Satzgefüge
20. Hauptsatzarten

...

(Einecke 1988)

Auffällig an den Antwortbögen war, daß häufig Begriffsgruppen gebildet wurden, die in den gängigen Grammatiken auch im Zusammenhang abgehandelt werden: z. B. 13–10–14–16; 11–8–5. Das bedeutet, daß die Erfahrung auch mit dem System im Hinterkopf gefiltert wurde. Deshalb wurde auch nur nach der Häufigkeit der Nennungen, nicht nach der Stelle auf dem Antwortbogen ausgezählt. Auffällig ist weiterhin, daß operative Verfahren (Umstellprobe etc.), grammatische Verfahren (Kongruenz etc.), semantische Begriffe (übertragene Bedeutung etc.) und pragmalinguistische Begriffe (Sprechhandlung etc.) nur ganz selten angeführt wurden. Hier würde sicher ergänzt werden, wenn das didaktische Konzept der Reflexion über Sprache (i. w. S.) aufgenommen wäre. Die Orientierung am traditionellen grammatischen System ist unverkennbar. Dennoch ist es angemessen, sich für die Sekundarstufe I von einem Minimalkatalog leiten zu lassen.

Literaturhinweise

Basiswissen Deutsch. Sprache, Literatur, Begriffe. (Lorenz, D.). München: Bayerischer Schulbuch-Verlag 1984.

Baurmann, Jürgen / Hacker, Hartmut: Integrativer Deutschunterricht ... PD (Praxis Deutsch) 93/1989.

Beisbart, Max: Beiträge zur Didaktik und Methodik des Sprachlehreunterrichts. München 1971.

Boettcher, Wolfgang/Sitta, Horst: Der andere Grammatikunterricht. München: Urban und Schwarzenberg 1978. (2. Aufl. Weinheim: Beltz.)

Boettcher, Wolfgang/Sitta, Horst: Grammatik in Situationen. PD 34/1979. S. 12ff.

Boettcher, Wolfgang u. a.: Sprache. Das Buch, das alles über Sprache sagt. Braunschweig: Westermann 1983.

Boueke, Dietrich: Reflexion über Sprache. In: Hopster, N. (Hrsg.): Handbuch Deutsch. Sekundarstufe I. Paderborn: Schöningh 1984. S. 334ff.

Bremerich-Vos, Albert: „Sprachunterricht – Nein danke!"? DU (Der Deutschunterricht) 6/1981. S. 5ff.
Bütow, Wilfried u. a.: Methodik. Deutschunterricht. Muttersprache. Berlin: Volk und Wissen 1979. S. 64.
Eichler, Wolfgang: Sprach-, Schreib- und Leseleistung. München: Fink 1977. S. 261ff.
Einecke, Günther: Methodenplanung: Grammatik integrieren. DD (Diskussion Deutsch) 65/1982. S. 194ff.
Ders.: Erhebung unter Deutschlehrerinnen und -lehrern der Sekundarstufe I: „Die wichtigsten grammatischen Phänomene". Unveröffentlichtes Manuskript 1988.
Erlinger, Hans Dieter: Studienbuch: Grammatikunterricht. Paderborn: Schöningh 1988.
Gaiser, Konrad: Wieviel Grammatik braucht der Mensch? Die Pädagogische Provinz 4/1950. S. 590ff.
Haueis, Eduard: Handlungsorientierung als Alibi für die Liquidation einer wissenschaftlichen Sprachdidaktik? DD 98/1987. S. 551ff.
Heringer, Hans Jürgen: Grammatik und Stil. Frankfurt: Cornelsen-Hirschgraben 1989.
Ingendahl, Werner: Projektarbeit im integrierenden Deutschunterricht. In: Ders. (Hrsg.): Projektarbeit im Deutschunterricht. München 1974. S. 82ff.
Ivo, Hubert: „Wieviel Grammatik braucht der Mensch?" In: Ders.: Handlungsfeld Deutschunterricht. Frankfurt: Fischer TB 1975. S. 62ff.
KMK – Verzeichnis grundlegender grammatischer Fachausdrücke 1982. Bonn: Sekretariat der Ständigen Konferenz der Kultusminister der Länder in der Bundesrepublik Deutschland 1982.
Kochan, Detlef C.: Forschungen zum Deutschunterricht. Weinheim: Beltz 1975.
Loccumer Protokolle 1982: „Wieviel Grammatik braucht der Mensch?" Loccum 1983.
Mitteilungen des Deutschen Germanistenverbandes: Richlinien und Lehrpläne für den Deutschunterricht (J. Fritzsche, R. Kunkel, H. H. Meyer u. a.). MittGermV 3/1987.
Montaigne, Michel de: Die Essais. Leipzig: Dieterich'sche Buchhandlung 1953. S. 53.
Nündel, Ernst: Zur Krise des Grammatikunterrichts. DU 1/1981. S. 42ff.
Praxis Deutsch: Liste der 50 häufigsten Fehlschreibungen. PD 69/1985.
Protokoll LFK 1975: Protokoll der Landesfachkonferenz der Deutschlehrer an Gesamtschulen in Nordrhein-Westfalen zur Tagung am 9./10. 7. 1975 in Leverkusen. Dortmund: (Manuskript) 1975.
Richtlinien und Lehrpläne der Länder – Hrsg. Der Kultusminister des jeweiligen Landes.
Riehme, Joachim: Grammatik/Orthographie. Berlin: Volk und Wissen 1986.
Robinsohn, Saul B.: Bildungsreform als Revision des Curriculums. Neuwied: Luchterhand (1967) 1973.
Roche, Reinhard: Das didaktische Prinzip „Konzentration" ... DU 6/1980.
Sandfuchs, Bertram: Schulgrammatiken im Aufwind? In: Sprache und Beruf 3/1984. S. 40ff.
Schmidt, Wilhelm u. a.: Funktional-kommunikative Sprachbeschreibung. Leipzig: Bibliographisches Institut 1981.
Schmidt, Winrich de: Integrativer Grammatikunterricht in der Sekundarstufe I. DU 3/1982. S. 70ff.

Schreibweisen. Ein Arbeitsbuch für den Deutschunterricht der Sekundarstufe II. (Diem, A. u.a.). Stuttgart: Klett 1983.
Siefer, Claus: Die indirekte Rede im Deutschunterricht der Sekundarstufe I. DU 3/1982. S. 34ff.
Stadler, Bernd: Sprechhandeln und Grammatik. Bd. 1/2. München: Oldenbourg 1978.
Strassner, Erich: Aufgabenfeld Sprache im Deutschunterricht. Tübingen: Narr 1977.
Ulrich, Winfried: Funktionale Grammatik und funktionaler Grammatikunterricht. Vortrag auf der IPTS-Veranstaltung „Grammatikunterricht – funktional und lernfeldübergreifend" – Februar 1988. Mskr.-Druck Flensburg: IPTS-Seminar 52, 1988.
Ulshöfer, Robert: Funktionaler Grammatikunterricht. DU 1/1977. S. 5ff.
Villiger, Hermann: Was für sprachliche Fehler machen unsere Abiturienten? PD 68/1984. S. 17ff.
Weber, Rainer: Zur Einschätzung des Deutschunterrichts. DD 38/1977.
Wunderlich, Dieter: Lernziel Kommunikation. DD 23/1975, S. 263ff.
Zabel, Hermann: Probleme der Curriculumentwicklung. Eine Dokumentation. Paderborn: Schöningh 1977.

Prinzipien der Integration

Die weiträumige Planung

Zunächst seien drei Problemfälle aus der Praxis des Deutschunterrichts erörtert:

a) **Lehrerzimmer in B. Unterhaltung zwischen Kollegin D., 6 b und Kollegin S., 6 e in der Pause.**

Frau D.: So, jetzt muß ich erst mal die Gliedsätze in meiner Sechsten angehen. Drei Wochen, denk ich: Temporalsätze, Kausalsätze, Finalsätze, Konzessivsätze, Konditionalsätze, Konsekutivsätze und so weiter...
Frau S.: Alles auf einmal? Ich glaube, meine 6e würde das nicht bringen, und so ganz richtlinienkonform ist das doch auch wohl nicht, oder?
Frau D.: Was heißt hier Richtlinien, Papier! Bis Ende der 6 muß schließlich alles da sein, und wer weiter will, muß sich halt anstrengen!
Frau S.: Wirklich alle Gliedsatzarten? Bis zur 10. Klasse ist doch auch noch etwas zu tun.
Frau D.: Ne, ne, auf der Fachkonferenz hieß es: Jg. 6 – Gliedsatz; da werd ich mir mal die verschiedenen Sprachbücher vornehmen und die besten Seiten für die Klasse rauskopieren.

b) Am Gymnasium in M. konfrontiert der Deutschlehrer seine neue 5. Klasse $4^1/_2$ Wochen lang in der allerersten Unterrichtsreihe mit dem Thema „Satzglieder". Er folgt streng 4 Kapiteln im Sprachbuch und „vermittelt" dabei insgesamt 22 Fachbegriffe (Satz, Satzglied, W-Frageprobe, finites Verb, Infinitiv, Personalform, Kasus, Numerus, Umstellprobe, Ersatzprobe, Kongruenz, Flexion, Prädikat, Prädikatskern, Subjekt, Objekt, Nominativ-, Genitiv-, Adjektiv- und Präpositionalergänzung, Umstandsbestimmung, Imperativ). Danach folgt die Grammatikarbeit.

c) In K. hat eine Deutschlehrerin ebenfalls eine neue 5. Klasse. In der ersten Stunde diktiert sie 25 Wörter zu dem Orthographieproblem eu/äu. Die Schüler erhalten dann den Auftrag, mit diesen 25 Wörtern (feucht, säuseln, Zäune, neulich...) einen Aufsatz so zu schreiben, daß in jedem Satz eines dieser Wörter vorkommt. In der Folgestunde werden Aufsätze vorgelesen und von den Kindern mit „gut" oder „schlecht" bewertet. In der dritten Deutschstunde werden den Kindern die 100 häufigsten Wörter des Deutschen diktiert (s. dtv-Atlas zur deutschen Sprache, 1978, S. 114). Dazu werden von der Lehrerin Kategorien für Wortarten als Tabelle an die Tafel geschrieben und mit je einem Beispiel versehen (Nomen, Artikel, Verb, Adjektiv, Numerale, Adverb, Pronomen, Präposition, Konjunktion). Die Kinder sollen die diktierten Wörter in die entsprechenden Spalten schreiben und die neun Fachbegriffe auswendiglernen. In Tischgruppen soll nun je ein weiteres Wort selbst gefunden werden. Diese neuen Wörter werden jeweils der Nachbargruppe gegeben. Sie soll aus den neun Wörtern einen „Spieltext" entwickeln, schreiben und vorführen. Dafür sind 4 Stunden vorgesehen.

... und dann so etwas:

Aus der Schule geplaudert ...

Zeichnung von Wilhelm Nüchter

Wo liegen die Probleme?

In a) ist die Lehrerin vom Druck des Stoffes bedrängt. Sie weiß nicht recht, ob sie „alle Konjunktionalsätze" auf einmal durchzunehmen hat. Methodisch begegnet sie der Fülle mit der Absicht, systematisch vorzugehen. Die Menge der in den Richtlinien vorgesehenen Phänomene und die Möglichkeiten der Integration sind sicher unklar. Das Kopieren entlastet psychisch, da in Vorgefertigtem Erleichterung gefunden wird.

In b) wird der Schülerhorizont nicht in die Planung einbezogen. Der Lehrer zeigt sich von den Vorgaben eines systematischen Sprachbuchkapitels beherrscht. Er erkennt nicht, daß er selbständig auswählen und die Sequenzen sinnvoll in einem Jahresplan unterbringen müßte. Die Schüler erhalten für ihre weitere Schullaufbahn ein abschrekkendes Bild vom Deutschunterricht.

In c) erweckt der Methodenwechsel den Eindruck von Ideenreichtum (Aufsätze nach Reizwörtern; Arbeit zur Orthographie/Umgang mit Tabellen/Spielszenen etc.). Tatsächlich besteht aber kein inhaltliches Konzept: die grammatischen Phänomene sind überfordernd angesetzt; es besteht kein thematischer Zusammenhang; die Methoden sind funktionslos für den Erkenntnisgang oder Lernweg im Bereich der Reflexion über Sprache. Hier ereignet sich eine Scheininszenierung zum Umgang mit Sprache.

Abgesehen von den individuellen Mängeln in diesen Beispielen, besteht generell das Problem: Welche Möglichkeiten gibt es, grammatische Themen in einen laufenden Deutschunterricht zu integrieren? Und es gibt ein psychologisches Problem – selbst bei den zur Integration bereiten Kollegen: Die traditionelle Arbeit „Zug um Zug" in einem grammatischen Gebiet erweckt den Eindruck der Sicherheit. Die Phänomene können „nach Behandlung abgehakt" werden. Reine Grammatikkapitel in Sprachbüchern täuschen zudem vor, daß nach ihrer Bearbeitung die Lernergebnisse „sitzen". Wenn man dann nach einiger Zeit die Schüler noch einmal nach dem „Behandelten" fragt, ist allerdings schon fast alles vergessen. Das Pauken der Fachbegriffe gelingt nicht mehr so wie früher.

Die eigenen Erfahrungen mit Grammatikunterricht müßten zeigen, daß die Unterrichtsprobleme heute neu durchdacht werden müssen; zumal bei einer Schülerschaft, die „in den ersten 15 Jahren ... (ihres) Lebens rund 16000 Stunden *ferngesehen;* sich pro TV-Stunde mindestens drei Gewaltdarstellungen angeschaut sowie ständig wechselnde Bilder (bis zu 1200 in einer Stunde) mit den Augen verfolgt" hat (Winkel 1986, S. 73), statt in dieser Zeit originäre Erfahrungen mit der Wirklichkeit – auch der sprachlichen – zu machen.

Bei unseren Schülern hilft das Einpauken von Formen allein nicht mehr; mit Ausnahme von ganz wenigen „Spezialisten" unter den Schülern, die hohes Konzentrations- und Abstraktionsvermögen sowie große Merkfähigkeit schon in die Schule mitbringen. Und das liegt nicht nur an dem o. g. allgemeinen Lernproblem oder daran, daß in der Regel bei einem isolierten, systematischen Grammatikunterricht, der sich fast nur um die „Einführung" in die einzelnen Phänomene kümmern kann, wichtige lernpsychologische Prinzipien wie das „Überlernen", die „immanente Wiederholung" sowie die „Ausschaltung von Interferenzen und pro- und reaktiven Hemmungen" zu kurz kommen.

Es liegt vor allem an der Mißachtung

- des lernpyschologischen Prinzips *„Sinnverstehen"*, wonach erst bei einer Einbettung des Lerngegenstands in sinnvolle Kontexte ein einsichtiges Lernen unter Einbeziehung eben dieser Kontexte geschieht, sowie
- des Prinzips der *„aktiven Anwendung"*, wonach für die Schüler eine langfristige Perspektive der Verwendung des grammatischen Wissens über die Grammatikstunden hinaus aufzubauen wäre (Roth 1967, S. 278; Odenbach 1967).

Durch vielfältigere Methoden der Einbettung des Grammatikunterrichts müßten „funktionale, komplementäre und integrierende Zusammenhänge“ (Hoppe 1969) hergestellt werden, damit die Schüler ‚Grammatik in Aktion‘ erleben und Verwendungsmöglichkeiten nutzen können.

Ansatz beim Halbjahres- oder Jahresplan

Die Integration des Grammatikunterrichts müßte bereits bei der *Anlage des Halbjahres- oder Jahresplans* für den Deutschunterricht einer Klasse beginnen – und nicht erst bei den Methodenentscheidungen für die einzelne Unterrichtsstunde. In einem Stoffverteilungsplan wären das Pflicht- und das Zusatzprogramm einer Klasse festzulegen. Dabei ließen sich die Lernbereiche des Faches schon zuordnen. Die Deutschlehrer müßten also *weiträumige Zugriffe* auf die Grammatik unterhalb der Ebene der Richtlinien, aber *vor der Ebene der Einzelstunden* planen können (s. u. Varianten A, B, D). Und sie müßten daneben die Befähigung entwickeln, spontan auf *„fruchtbare Momente“* oder Bedürfnislagen zur Reflexion über Sprache eingehen zu können; das setzt voraus, daß sie auch ständig fachlich und methodisch auf grammatische Anforderungen vorbereitet sind (s. u. Varianten C, E).
Dies sind zwei hohe Planungsanforderungen, die zeigen, daß die Umsetzung der Konzeption des integrierten Grammatikunterrichts mehr Arbeit bedeutet und Fortbildung unumgänglich macht.

Zeichnung von Wilhelm Nüchter

Ansatz bei der Konstruktion von Unterrichtssequenzen

Die Aufteilung des Halbjahresprogramms auf größere Unterrichtsreihen mit einer inneren Gliederung und einer thematischen Bindung der Einzelstunden untereinander müßte Planungsgewohnheit werden.
Der Aufbau solcher Sequenzen muß bestimmt sein von einer *Schrittfolge,* in der das Erreichen verschiedener Ziele lernpsychologisch und lerntheoretisch gesichert ist:

- Verbindung von inhaltlichen/kognitiven, formalen/instrumentellen und sozialen/affektiven Zielen,
- Abfolge von Vorbereitung – Vermittlung – Erarbeitung – Sicherung – Anwendung – Wiederholung o. ä.,
- Erfahrung – Reflexion – Transfer als Artikulationsschema, das über die Einzelstunde hinaus auch eine ganze Sequenz gliedert,
- Lernprogression vom Einfachen zum Schweren, vom Bekannten zum Unbekannten, vom Konkreten zum Abstrakten,
- Verknüpfung der Teilbereiche Textrezeption oder Textproduktion mit der Reflexion über Sprache.

Die thematische Bindung müßte in einem *Sequenztitel,* die Binnengliederung ggf. zusätzlich durch Untertitel für die Schüler deutlich werden. Die Sequenz würde eine Zeit von ca. 6–18 Stunden umfassen. Sie müßte den Schülern als abgegrenzte Einheit mit Titel vermittelt werden, so daß sie sich im Kontinuum Unterricht besser orientieren können: Das steht jetzt solange im Zentrum. – Das haben wir jetzt abgeschlossen. – Jetzt beginnt etwas Neues.

Ausgangspunkt für die Überlegungen zur *Verknüpfung der Teilbereiche Textrezeption, Textproduktion und Reflexion über Sprache (Grammatik)* sind die Vorgaben der Richtlinien für die Jahrgangsstufe sowie das bisherige Unterrichtsprogramm der Klasse (Lernlaufbahn). Die Kombination der anstehenden grammatischen Phänomene hängt von den sachlogischen Überlegungen ab:
- Für welche Verwendungssituationen und Textsorten ist das Phänomen *typisch?*
- In welchen Situationen oder Texten kommt es *natürlich* vor?
- Wie sind die Form und die Funktion des grammatischen Phänomens *definitorisch* zu bestimmen?
- Welche Situation oder welcher Text kann *exemplarisch* eingesetzt werden?

Daneben stehen die didaktischen Überlegungen:
- Welche Sachthemen (Inhalte) können für die Schüler von Interesse sein?
- Lassen sich günstige Texte zu der angezielten Textsorte finden, die einem Sachthema zugehören?
- Mit welchen Aufsatzformen und Textsequenzen (Lesebuch) läßt sich das Phänomen daher *verknüpfen?*

Schließlich die methodischen Überlegungen:
Welche *Aufgabenvarianten,* die auf Rezeption, Textproduktion und Reflexion über Sprache abzielen, lassen sich abwechseln? – Wie lassen sie sich nach dem Prinzip der

Lernprogression organisieren? Generell sind in einem wohlproportionierten Deutschunterricht alle drei verschiedenen Teilbereiche durch Materialangebote oder Aufgabenstellungen vertreten.
Sodann sind die anstehenden Klassenarbeiten der Textsorte nach festzulegen. Die *Lernerfolgskontrolle* zum grammatischen Schwerpunkt der Sequenz kann mit den Aufsätzen verbunden erfolgen.
Bei der *didaktischen Analyse* sind sowohl die Sach- und Problemebene der außersprachlichen Inhalte (z. B. Die Herstellung von Papier) als auch die Formebene der Textsorte (z. B. Vorgangsbeschreibung) sowie des grammatischen Phänomens (z. B. Passiv) vorzubereiten.

Varianten der Integration

Neben der didaktischen Reduktion auf einen Minimalkatalog hin bedarf es also einer Sichtung der Handlungsmöglichkeiten auf der *Planungsebene.* Deshalb sollen hier zuerst Varianten der Integration vorgestellt werden, die über die einzelnen Stunden hinausgreifen:

A) Induktiv einführen
Mit dieser Variante betritt man Neuland; man führt die Schüler mit geregelten Schritten in unbekannte Sachverhalte ein.

B) An andere Stoffe anbinden
Hiermit ist die Verknüpfung der Teilbereiche als wichtigste Planungsaufgabe für den Lehrer angesprochen. Die anstehenden Unterrichtsstoffe sind zu sichten und an geeigneten Stellen mit den grammatischen Themen zu verbinden.

C) Situativ aufgreifen
Grammatik wird dann aufgegriffen, wenn ein aktueller Sprechanlaß es nahelegt; man sollte etwas aufgreifen, jedoch nur kurz und aktuell und nicht jedesmal eine Sisyphusarbeit daraus machen.

D) Begriffe wiederverwenden
Wenn ein grammatisches Phänomen einmal eingeführt ist, sollte man es nicht links liegenlassen, sondern wiederaufgreifen, wiederholen, anwenden, in neue Kontexte bringen, weiterführen.

E) Im Exkurs ergänzen
Wenn es im Unterricht um irgendeinen anderen Unterrichtsgegenstand geht, z. B. in der Aufsatzerziehung, in der mündlichen Kommunikation o. ä., und in diesen Zusammenhängen aktuell ein grammatisches Problem oder eine Lücke in den eigentlich vorauszusetzenden Grammatikkenntnissen auffällt, dann sollte in einem Exkurs oder einer kurzen „Schleife“ darauf eingegangen werden.

Diese Varianten werden im folgenden einzeln dargestellt.

A) Induktiv einführen

Beispiel Jg. 8: *Einführung* Konjunktiv II
Kontextuierung Literatur: Eugen Roth, „Der eingebildete Kranke“

Ein Griesgram denkt mit trüber List,
Er wäre krank. (Was er nicht ist!)

Der eingebildete Kranke

Ein Griesgram denkt mit trüber List,
Er wäre krank. (was er nicht ist!)
Er müßte nun, mit viel Verdruß,
Ins Bett hinein. (was er nicht muß!)
Er hätte, spräch der Doktor glatt,
Ein Darmgeschwür. (was er nicht hat!)
Er soll verzichten, jammervoll,
Aufs Rauchen ganz. (was er nicht soll!)
Und werde, heißt es unbeirrt,
Doch sterben dran. (was er nicht wird!)
Der Mensch könnt, als gesunder Mann
Recht glücklich sein. (was er nicht kann!)
Möcht glauben er nur einen Tag,
Daß ihm nichts fehlt. (was er nicht mag!)

Aus Eugen Roth, Der Wunderdoktor

Die Variante der induktiven Einführung stammt noch am ehesten aus der Tradition des systematischen Grammatikunterrichts. Sie läßt sich etwas verändert jedoch auch im integrierten Grammatikunterricht verwenden. Induktion bedeutet, daß vom Einzelnen zum Allgemeinen, vom Konkreten zum Abstrakten, von Beobachtungen über Reflexion zum Begriff vorgegangen wird. Wesentlich dabei ist aber, daß nun nicht mehr an isolierten Beispielsätzen oder an künstlichen Paradigmen ein grammatisches Phänomen erarbeitet wird. Vielmehr wird hier die sprachliche Erscheinung in sinnvolle Kontexte eingebettet.
In unserem Beispiel soll in Jahrgang 8 der Konjunktiv II eingeführt werden. Man wählt einen Text, in dem das grammatische Phänomen gut repräsentiert ist. Herangezogen wird z. B. Eugen Roths Text „Der eingebildete Kranke“. Das sprachliche Phänomen wird also in einem *literarischen Kontext* behandelt.
Nun soll das Gedicht selbst jedoch auch nicht isoliert stehen; in der Sekundarstufe I wird ein einzelner Text ebenfalls in einen sinnvollen *Reihenkontext* eingelagert: entwe-

der in eine literarische Unterrichtssequenz, hier z. B. mit Texten zu anderen „Menschentypen" neben dem im Text vorkommenden Griesgram, oder in eine themenzentrierte Reihe, z. B. „Gesund und krank – Alles nur Einbildung?" mit entsprechenden journalistischen, literarischen und selbst zu produzierenden Texten.
Die Behandlung des ausgewählten Textes und des grammatischen Phänomens geschieht nach folgendem Ablaufmuster:

Induktiv einführen

1.	Kontextuierung	(Verwendungszusammenhang)
2.	Fokussierung	(Hinlenkung auf die Sprache)
3.	Beispiel	(Textstelle mit grammatischem Element)
4.	Beobachtung	(der sprachlichen Mittel)
5.	Isolierung	(des gemeinten grammatischen Elements)
6.	Systematisierung	(an weiteren Paradigmen)
7.	Benennung	(lateinischer Fachbegriff)
8.	Definition/Regel	(Fixierung des Wissens)
9.	Reflexion	(der Funktion im Kontext)
10.	Anwendung	(Übung an anderen Fällen)
11.	Kontrolle	(Überprüfung von 7.–10.)

Zunächst wird der Text als literarischer Gegenstand behandelt; man spricht auf der inhaltlichen Ebene über die Figur des Griesgrams, seine Handlungen und Motive, die Situation etc.; auf der Formebene z. B. über den Kontrast von Darstellung (Gedanken des Griesgrams) und Erzählerkommentar (Einschätzung der Gedanken). Man stellt fest, daß es um eine Simulation geht, die der Beobachter aufdeckt. Nun wird hingelenkt (fokussiert) auf die sprachliche Ebene: Sprachliche Signale zeigen an, daß es nicht um die Wirklichkeit geht, sondern um eine eingebildete Realität.
Dies wird an einer Textstelle exemplarisch genauer beobachtet. Dann werden systematisch weitere ähnliche Textstellen herangezogen. Das Gemeinsame der Textstellen kann in einer Generalisierung ausgesprochen werden: in den von „denken" oder „sprechen" abhängigen Sätzen werden die Verbformen „wäre", „hätte", „müßte" etc. gebraucht. Das grammatische Phänomen wird mit dem Fachbegriff benannt: Konjunktiv II. Eine Definition zum Konjunktiv II schließt sich an: der Form nach (Ableitung aus dem Präteritum des Verbs) und der Funktion nach (Signal für etwas nur Gedachtes, das nicht mit der Wirklichkeit übereinstimmt).
Schließlich wird in einer Reflexion die gewonnene Erkenntnis auf den Verwendungszusammenhang zurückbezogen: An dem Konjunktiv wird deutlich, daß ein Sprecher die Simulation aufdecken will; das grammatische Phänomen hat also eine Funktion in der Verständigung über das Verhalten des Griesgrams.

Diese Stunde der induktiven Einführung in den Konjunktiv II ist eingelagert z. B. in den Reihenkontext „Gesund und krank – Alles nur Einbildung?". So war das Thema des Gedichts z. B. vorbereitet durch Gabriele Wohmanns Text „Der Knurrhahn-Stil". Das Prinzip der Simulation sowie die Verwendung des Konjunktivs II können dann im weiteren Rahmen der Sequenz verfolgt werden, wenn es z. B. an Zeitungstexten um die Beobachtung geht, wie erfolglose Sportler mit Hilfe der Simulation dem Erfolgsdruck und den Angriffen begegnen wollen und wie Journalisten darüber berichten. In einer Anwendungsphase benutzen die Schüler die Formen des Konjunktivs II; sie verfassen Interviewtexte oder Statements von Trainern oder Journalisten und gehen dabei berichtend oder kommentierend mit den Schlappen von Sportlern um. Hierbei kann die richtige Verwendung der Konjunktiv-Formen kontrolliert werden.

Induktiv einführen – Mögliche Methodenschritte

---

1. *Kontextuierung:* Text, Szene, Situation als Teil einer kurzen Unterrichtssequenz präsentieren; darin muß das angezielte grammatische Phänomen deutlich vertreten sein; zunächst die inhaltliche Seite thematisieren.
2. *Fokussierung:* Bei genauerer Untersuchung des Textes, bei Verständigungs- und Verstehensproblemen, an inhaltlich, stilistisch oder grammatisch auffälligen Stellen die sprachlichen Mittel thematisieren.
3. *Beispiel:* Eine Textstelle aufgreifen, die das angezielte grammatische Phänomen umfaßt und mehrere andere Textstellen repräsentiert, d. h. Beginn der Operationen am Text.
4. *Beobachtung* der sprachlichen, grammatischen Darstellungsmittel und Beschreibung des Beobachteten, d. h. Wechsel auf die formale Ebene.
5. *Isolierung:* Das grammatische Phänomen herausstellen; durch Vergleich, Kontrastierung, Nachschlagen und Verknüpfung mit Bekanntem sowie durch die linguistischen Operationen, d. h. Ergänzungs-, Streich-, Austausch- und Umstellprobe, durch Paraphrase und Klangprobe etc. untersuchen.
6. *Systematisierung:* Erweiterung des ersten Beispiels um die anderen parallelen Textstellen, analoge Beispiele, Ausschluß von Gegenbeispielen etc. zur Erkenntnis der Regelhaftigkeit; Bildung weiterer Fälle; Klassifizierung, Generalisierung.
7. *Benennung* mit dem lateinischen Fachbegriff; ggf. Erläuterung des Fremdworts (etymologisch, Rohübersetzung etc.).
8. *Definition/Regel:* Fixierung der Erkenntnisse in einem Merksatz, definitorisch als Regel und/oder durch ein paradigmatisches Sprachmuster;
   a) Regel zur Bildung der Form,
   b) Regel zur Funktion des grammatischen Phänomens in Äußerungen.
9. *Reflexion:* Analyse und Betrachtung der Funktion/Rolle/Bedeutung des grammatischen Elements im Satz/Text/Kontext, in der Verwendungssituation, d. h. Synthese des Form- und Inhaltsaspekts.

10. Anwendung: an weiteren Textabschnitten, Beispielsätzen, Texten der Unterrichtssequenz; untersuchen, selbst bilden, ermitteln, in Kontexte einbauen, sprachlich im thematischen Rahmen der Sequenz gestalten etc. Vielfältige Übungen sind möglich.

11. Kontrolle: Prüfung durch Anwendung, s. *10.* Überprüfung der Regelkenntnis durch Abrufen der Regel; der Benennung durch Zuordnung von Fachbegriffen zu Textstellen; der Beobachtung durch Aufspüren entsprechender Stellen in Texten; der Reflexion durch Erklärungen; etc.

Bedeutsam für die Verwendung des induktiven Verfahrens bei der Integration ist die Erweiterung des traditionell eingesetzten induktiven Verfahrens um die Schritte *1, 2* und *9* sowie die Veränderung von Schritt *10:*
Die *Kontextuierung* läßt nicht beliebige sprachliche Vorlagen zu, sondern soll sinnvolle Zusammenhänge zwischen Texten auch auf der Inhaltsebene sicherstellen; in der *Fokussierung* erfolgt der Wechsel von der Text- und Inhaltsebene auf die Sprachebene und hier auf das angestrebte einzelne grammatische Phänomen hin. In der *Reflexion* wird die gewonnene grammatische Erkenntnis bis zur Einsicht in die grundsätzliche Leistung des Phänomens vorangetrieben und die doppelte Funktion gesehen: Funktion im Satz sowie Funktion im Kontext (der Konjunktiv II zeigt nicht nur das gedachte Irreale; er zeigt auch, daß jemand diese Einbildung entlarvt und dabei eine bedeutsame aufklärerische Rolle im Rahmen sprachlicher Handlungen spielt). Bei der *Anwendung* kann es ebenfalls nicht um beliebige Anwendungsübungen gehen, vielmehr müssen Aufträge gefunden werden, die eine produktive Fortsetzung des gewählten Kontextes (Thema/Situation) ermöglichen und zugleich die behandelten sprachlichen Formen erfassen.

Die Phase der Sprachreflexion in integrierten Unterrichtssequenzen

Bei der Betrachtung des gerade vorgestellten Weges der induktiven Einführung sollte die Grammatikstunde nicht für sich gesehen werden. Vielmehr müßte bei der Anlage integrierter Unterrichtseinheiten, die die verschiedenen Teilbereiche verknüpfen, die Einbettung der Grammatikphasen in die größere Sequenz (s. o.) geplant werden: Die Stunden vor und nach der „Grammatikstunde" (besser: -phase) wären mitzuplanen, ebenso die Arbeitsformen und Gegenstände zu den anderen Teilbereichen; dabei könnte sich ergeben, daß die Anwendungsphase z. B. schon eine Überlappung mit dem Bereich der Textproduktion bedeutet. Um die Grammatikphase herum ließe sich eine sinnvolle Sequenz konstruieren, ebenso aber könnte fast in jeder Unterrichtssequenz, die aus den anderen Teilbereichen ihren Schwerpunkt bezieht (Literatur, Aufsatzerziehung, Mündliche Kommunikation), auch eine Grammatikphase eingelagert werden.

Lernpsychologische Bedingungen der Induktion

Bei der Einführung und Wiederholung neuer Lerngegenstände und Begriffe sind auch *lernpsychologische Gesetze* zu beachten. In der „Einführung" ist die Informationsaufnahme abhängig von der Verknüpfung des Neuen mit vorhandenen Assoziationen.

Eine erlebnisintensive Vermittlung auf mehreren „Kanälen" (Auge, Ohr, eigenes Sprechen) ist besonders erfolgreich.
Für die Speicherung des neuen Lernstoffes ist zu beachten, daß der neue Begriff nur wenige Sekunden im Ultrakurzzeitgedächtnis bleibt, also nach wenigen Sekunden erneut auftauchen muß, wenn er haften bleiben soll; bei Wiederholung nach ca. 20 Minuten erfolgt die Speicherung im Kurzzeitgedächtnis, bei Wiederholung nach ca. 24 Stunden im Langzeitgedächtnis. Die Wiederholungsanlässe können sich unmittelbar ergeben, z. B. im selben Sachzusammenhang am folgenden Tag; oder sie können periodisch-planerisch sein: z. B. kann der Konjunktiv II in einer späteren Sequenz erneut thematisiert werden, in der es dann nicht um das Vortäuschen einer Wirklichkeit geht, sondern z. B. um erfüllbare und irreale Wünsche; oder im Rahmen einer Zeitungssequenz, in der es um die bewußte Distanzierung bei der Redewiedergabe geht. (Vgl. Odenbach 4/1967, Bönsch 1975, Vester 1978.)

Vergleich mit dem deduktiven Verfahren

Das deduktive Verfahren ist die der Induktion entgegengesetzte Methode: Bei der Deduktion geht der Lern- und Erkenntnisweg vom Allgemeinen aus und schreitet zum Einzelnen und Besonderen voran. So werden z. B. eine generelle Aussage, ein Begriff, eine Regel reaktiviert, wenn sie bereits bekannt sind, oder vom Lehrer vorgegeben, wenn sie noch unbekannt sind. Zu diesen allgemeinen Begriffen, Lehrsätzen etc. werden konkrete Beispiele, Textstellen oder Anwendungsfälle, gesucht und zugeordnet. An ihnen wird dann beobachtet, daß die übergeordneten Aussagen in diesen Fällen ebenfalls gültig sind. Dies Verfahren kann also z. B. von grammatischen Begriffen, Merksätzen und Lehrtexen („Rahmentexte") ausgehen.
Beim Vergleich sieht Riehme die Vorteile des induktiven Verfahrens darin,

> „daß die Schüler den Verallgemeinerungsprozeß selbst vollziehen, wodurch er sich bei ihnen fester einprägen kann. [...] Die Grenzen des induktiven Vorgehens liegen darin, daß manche Schüler geistig unterfordert und durch die Kurzschrittigkeit des Vorgehens zu sehr gegängelt werden. [...] Hinzu kommt, daß das induktive Vorgehen meist zeitaufwendiger ist als das deduktive. Demgegenüber hat das deduktive Vorgehen den Vorteil, daß der Systemzusammenhang der Erkenntnisse besser gewährt werden kann. Die Begriffe und Erkenntnisse werden unverzüglich und in der richtigen Weise an die Schüler herangebracht, es entstehen weniger sachliche und terminologische Unsicherheiten als beim induktiven Vorgehen. Die Möglichkeit der theoretischen Verallgemeinerung ist in stärkerem Maße gegeben, die Schüler werden zum deduktiven Schlußfolgern befähigt. Das deduktive Vorgehen erfordert aber bestimmte Voraussetzungen. So stellt es beispielsweise höhere Anforderungen an die fachlichen Kenntnisse der Schüler, und auch ihre geistigen Fähigkeiten müssen in höherem Maße entwickelt sein."

Riehme kommt bei den Überlegungen zur Realisierung unter den Prämissen „Spezifik des Stoffes, aktuelle Ziele, Voraussetzungen der Schüler, individueller Lehrstil des Lehrers" und verfügbare Zeit zu der Annahme:

> „Ohnehin wird es nicht möglich sein, ein rein induktives oder rein deduktives Vorgehen zu realisieren. Der komplizierte und zugleich immer auch von anderen als den logischen Determinanten abhängige Unterrichtsprozeß führt meist zur Kombination beider Wege." (Riehme 1986, S. 91f.)

Im Hinblick auf das Ziel der integrierten und funktionalen Grammatik wäre dennoch das induktive Verfahren dem deduktiven vorzuziehen: Ausgangspunkte für die Reflexion über Sprache sollen ja gerade nicht Regeln oder Begriffe sein, zumindest nicht bei der Neueinführung. Vielmehr sollte man von Beobachtungen am Sprachmaterial in sinnvollen Verwendungszusammenhängen ausgehen und dann zu regelhaften Erkenntnissen gelangen. Der höhere Grad an Reflexion über Sprache findet doch eher über eigene Erfahrungen mit Sprache statt. Der Lehrer muß sich grundsätzlich entscheiden: Will er schnell Begriffe und Regeln einpauken, oder sollen die Schüler über Sprache nachdenken und dabei mit Begriffen und Regeln umgehen (s. o. didaktische Entscheidung). Das *deduktive* Vorgehen hat andererseits sicher seinen vernünftigen Platz im Rahmen der Variante E) „Im Exkurs ergänzen" und der Variante D) „Begriffe wiederverwenden" (s. u.).

B) An andere Stoffe anbinden

Beispiel Jg. 7: Umgang mit Texten (Zeitung)

Aus Kiel wird berichtet, der Minister wolle ...
Informierte Kreise behaupten, es gebe ...

Anbindung: Passiv/Indirekte Rede/Konjunktiv I

Bei dieser Variante richtet man sich nun nicht primär auf das Ziel ein: Ich muß ein bestimmtes grammatisches Phänomen vermitteln, z. B. noch Konjunktiv I in diesem Halbjahr. Der Ansatz der Unterrichtsplanung liegt nicht im Bereich der Grammatik, sondern in einem anderen Teilbereich. Nehmen wir folgenden Fall: Die Schüler befassen sich nach den Richtlinien in Jahrgang 7 im Bereich Umgang mit Texten mit der expositorischen Textsorte Zeitung.

Nun sind Anbindungsmöglichkeiten zu suchen: Welche grammatischen Phänomene sind typisch für diese Textsorte? Man analysiert selbst die Texte und orientiert sich. Dabei kommt z. B. heraus, daß in Zeitungsberichten häufig Passivformulierungen sowie indirekte Reden unter Benutzung des Konjunktivs vorkommen:

„Aus Kiel wird berichtet, der Minister wolle ...", „Man sagt, das Zentrum werde gebaut", „Informierte Kreise behaupten, es gebe ...".

Also ist es sinnvoll, irgendwann in dieser Unterrichtsreihe zu Zeitungen diese Phänomene einzubeziehen.

Man wird einen Teil dieser Reihe, vielleicht nur eine halbe Stunde hier, eine ganze Stunde dort – also nicht unbedingt nur ganze Grammatikstunden – dafür nutzen, sich mit den typischen sprachlichen Elementen zu befassen; und das dann auch wiederholend im Reihenzusammenhang. Das Passiv ist einerseits typisch im Zeitungskontext, andererseits bieten die Texte aber auch verwandte Formulierungen, so daß die Funk-

tion des grammatischen Elements Passiv in einem größeren Zusammenhang gesehen werden kann.
In ähnlicher Weise ist die Indirekte Rede mit Konjunktiv anbindbar, da sie in der Berichterstattung vielfältig verwendet wird.

Das Prinzip dieser Variante besteht darin, daß der Lehrer den Grammatikunterricht bewußt plant, allerdings nicht in der Form isolierter Grammatikstunden, sondern in Form einer „Anbindung“ kurzer, gezielter Phasen grammatischer Reflexion und Übung an den laufenden Unterricht in den Bereichen Literaturunterricht und Textproduktion, und zwar an die in der Sekundarstufe I in der Regel problem- oder themenorientierten Unterrichtsreihen, die ohnehin schon die Textrezeption und -produktion integrieren. Dabei kann auch das induktive Verfahren (s. Variante A) zur Geltung kommen. Vom Stellenwert im Deutschunterricht haben die Teilbereiche der Textrezeption und Textproduktion sowie die Themen und Inhalte problemorientierter Reihen also zunächst Vorrang. Grammatische Untersuchungen werden nun operational eingesetzt zur Verbesserung der Textanalyse, des Schreibens oder der mündlichen Kommunikation. Und in solchen Zusammenhängen werden die grammatischen Phänomene auch thematisiert.
Für diese Anbindung muß der Lehrer in der langfristigen Planung den in der Jahrgangsstufe zu behandelnden grammatischen Stoff im Hinterkopf haben. Er plant aber die Unterrichtsreihen vorrangig von den Textsorten und Aufsatzformen her. Der entscheidende planerische Schritt besteht dann darin, die geforderten grammatischen Phänomene an den geeigneten Stellen mit diesen anderen Unterrichtsaufgaben zu kombinieren. Die Planungsaufgabe des Lehrers nach der Festlegung der Unterrichtsreihen für ein Schuljahr und nach der Erhebung der geforderten grammatischen Lerngegenstände besteht in der didaktischen Entscheidung, diese beiden Seiten einander zuzuordnen. Dabei kann es hilfreich sein, wenn er sich einen Überblick über mögliche *Thematisierungszusammenhänge* anlegt, wie es das nebenstehende individuelle Beispiel eines Lehrers zeigt.

Wesentlich bei der Thematisierung grammatischer Phänomene ist, daß die verschiedenen Unterrichtsmethoden zu einer Reflexion über den *funktionalen Zusammenhang* zwischen Formen und Inhalten führen und somit die Funktion der grammatischen Phänomene für die Verständigung unter den Menschen, für das Handeln der Menschen sowie für das Verstehen und Verfassen von Texten und für das Erfassen der Wirklichkeit anzielen.

Dabei gibt es verschiedene Wahlmöglichkeiten in der *Methodenentscheidung:*

- durch offene Fragen nach der Wirkung von Texten und Sätzen oder nach der günstigsten Art einer Formulierung den Anteil bestimmter grammatischer Mittel erschließen lassen;
- durch engere Suchaufträge die auffälligen Textkonstituenten ermitteln und an diesen Stellen die Bedeutung der grammatischen Formen für die Textaussage beobachten lassen;

Mögliche Thematisierungszusammenhänge (Sek. I)

grammatische, sprachliche Phänomene	Anbindung an → inhaltlich relevante Unterrichtsreihen (Stoffe/Situationen/Themen/Textsorten)	← Operationen/ Verfahren
Nominalstil, Infinitivsatz, Konjunktionalsatz, Relativsatz, Nomen, Partizip, präpositionale Ergänzung; Hauptsatz, Gliedsatz, Satzreihe, Satzgefüge	Nachrichtensprache Pressewesen Gesetzestexte Verträge Anweisungen Definitionen	Umformung Entfaltung Verkürzung
Modalverben, Imperativ, Konj. II (würde), Aufforderungssätze, unpersönl. Passiv, Indikativ, infinite Verbform	Vorschriften und Befehle in Schule und Erziehung Benutzungsordnung Hausordnung Werbung	Ersatzproben
Wortbildung, Wortbedeutung, Komposita, Wortfamilie, Assoziation-Konnotation, Lehnwort, Fremdwort	Vermischte Anzeigen Berufe – kuriose Berufe technische Neuerungen	kreative Übungen Nonsenstexte
Pronomen, Konjunktionen, Adverbiale, Adjektiv, Textverflechtung, Oberbegriff (bei Textgliederung), Schlüsselstellen; direkte, indirekte, erlebte Rede, Ellipsen, Hochsprache, Umgangssprache	Erzählung Jugendbuch – Ganzschrift Unterrichtseinheiten ‚Freunde', ‚Tiere', ‚Generationen', ‚Liebe' eigene Textproduktion (unterhaltende Erz.)	Formen der Textüberarbeitung (Ergänzen – Streichen – Austauschen – Umstellen), Textsegmentierung, Teilthemenbildung
Passiv, Aktiv, Subjekt, Objekt, Indefinitpronomen, Hyperbel, Euphemismus	Regenbogenpresse, Verschleierungsmeldungen bei öffentl. Konflikten; Gebrauchsanweisung, Arbeitsanleitung	Textparaphrasen Textsortenwechsel
Fragesatz, finites Verb, Spitzen-, Zweit- und Endstellung, Fragehandlung mit gram. Besetzungsvarianten, Fragestrategien, Ergänzungs-, Entscheidungs- und Alternativfrage, rhet. Frage; These, Argument, Beispiel, Beleg, Zitat	Interview-Diskussion-Debatte zu Themen: Jugendkriminalität, Sekten, Strafen oder Resozialisieren, Umweltverschmutzung, Geschwindigkeitsbegrenzung, Hausaufgaben	Argumentation Pro- und Contraposition Erörterung (Sachinformationen – Meinungsaussagen – Bewertung – Entscheidungsalternativen – ggf. Forderung) Gesprächsregeln

- durch Vergleichsaufträge und Kontrastieren verschiedene sprachliche Mittel in ihrer Leistung beobachten lassen;
- einzelne situative Bedingungen als Variablen ermitteln und durch Umgestaltung der Situation des Sprechens, Lesens, Hörens oder Schreibens die Konsequenzen für die Wahl bestimmter sprachlichen Mittel durchspielen: z. B. Sprecher-, Motiv-, Perspektivwechsel;
- durch den Auftrag zur Produktion sprachlicher Varianten zu den in einem Text vorgegebenen grammatischen Mustern die Wahl eines bestimmten Musters reflektieren und begründen lassen;
- generell mit Sprache experimentieren: erprobendes Formulieren und Umformulieren;
- etc.

Als *Beispiele zur Methodisierung der Anbindung* können die im Kapitel „Didaktisch-methodischer Kommentar zu den Sequenzen 1–10 des Materialbandes" und dem Materialband dargestellten Unterrichtssequenzen dienen.

An andere Stoffe anbinden – Mögliche Methodenschritte

---

1. Planung der Anbindung vor Beginn der Unterrichtsreihe.
2. Durchführung der Reihe: Arbeit an der Textvorlage, dem Schreibauftrag oder dem Gesprächsthema im Rahmen einer Unterrichtsreihe.
3. *Fokussierung* auf das für die Anbindung vorgesehene grammatische Phänomen hin und *Thematisierung* desselben, und zwar an den für den Verstehens-, Schreib- oder Verständigungsprozeß entscheidenden (oft strittigen) Stellen, den *Umschaltpunkten.*
4. Kurze Verselbständigung der Arbeit am grammatischen Phänomen zur *Erarbeitung der Formen und Funktionen.*
5. *Rückbindung* der gewonnenen grammatischen Einsichten und Kenntnisse an die vor dem Umschaltpunkt gegebene Ausgangslage zur Vertiefung des Verstehens, zur Verbesserung des Schreibens und zur Metakommunikation über die Gesprächsabläufe.

C) Situativ aufgreifen

Beispiel Jg. 5: Morgens an der Tafel:

„Stühle hoch!!!"

Aufgreifen: Sprachhandlungen, Satzarten

Bei einer Gelegenheit, in der sich sprachlich etwas Auffälliges ereignet, setzt der Lehrer an: Morgens kommt die Klasse 5b in ihren Raum und liest an der Tafel: *Stühle hoch!!!* In der konkreten Situation geht es „nur" um den Wunsch der Putzfrauen, daß die Schüler ihnen die Arbeit erleichtern. Wenn die Formulierung untersucht wird, läßt sich aber mehr feststellen: Es handelt sich um einen kurzen Befehl ohne Verbteil; nicht *Stellt die Stühle hoch!* Vielleicht waren die Frauen in Eile, weil sie viele Räume zu säubern haben; vielleicht waren sie aber auch ärgerlich, weil die Klasse zum wiederholten Male nachlässig war. Obwohl keine Imperativform zu erkennen ist, versteht jeder die Formulierung. Also gibt es neben dem Imperativsatz auch die *Sprachhandlung* der Aufforderung, die sich durch andere Formen zu erkennen gibt. Die Schüler erproben Varianten des Tafelanschriebs:

- Könntet ihr die Stühle wohl hochstellen?
- Könnt ihr nicht die Stühle hochstellen?
- Die Stühle standen mal wieder herum. Bitte die Stühle hochstellen!
- Stellt endlich die Stühle hoch! ...

Sie reflektieren die verschiedenen Absichten bei der Formulierung und die unterschiedlichen Wirkungen auf sich. Dabei nehmen sie nicht nur wahr, daß sie die Stühle hochstellen sollen, sie erkennen auch, daß die Sprache mehr ausdrückt: nämlich die Beziehung der Putzfrauen zur Klasse 5b. Die Schüler haben dabei im fachlichen Bezugsrahmen von „Äquivalenz – Differenz" (Boettcher/Sitta 1978, S. 345ff.) sowie mit der Unterscheidung von „Inhaltsebene" und „Beziehungsebene" gearbeitet.
So gibt es viele Situationen, die für eine sprachliche Reflexion aufgegriffen werden können. Wenn man das häufig machte, würden die Schüler „mit Grammatik leben". Lehrer (und Schüler) sollten sprachliche Sensibilität dafür entwickeln, die Stellen in den sprachlichen Prozessen des Unterrichts aufzugreifen, an denen grammatische Phänomene im Vollzug, in der Anwendung zu beobachten sind. Es gibt viele unterrichtliche Umschaltstellen zur Reflexion über Sprache aus den anderen Teilbereichen heraus, wenn es z. B. darum geht,

- Mißverständnisse, Zweideutigkeiten, Versprecher, falsche Bezüge, Stilblüten, Kuriosa, seltsame Sprachgewohnheiten etc. im laufenden Unterrichtsgespräch zu klären;
- Ursachen für Kommunikationsstörungen zu untersuchen;
- divergierende Wirkungen von Textstellen auf ihre sprachlichen Ursachen hin zu prüfen;
- Alternativen zu vorgefundenen Formen sprachlicher Gestaltung zu finden;
- Unterschiede im Sprachgebrauch verschiedener Fächer herauszustellen;
- etc.

Beispiel: Bei der Besprechung einer Hausaufgabe (Jg. 7) verstehen die Mitschüler den Kettensatz im Aufsatz des Schülers B. nicht: *„Der Junge behauptete, einen Faustschlag bekommen zu haben, und zwar von dem größeren Gegner, was sich aber als nicht richtig herausstellte, da der große Junge sich gerade gebückt hatte, denn ihm war die Flasche aus der Hand gefallen, und auf die hatte er besonders aufpassen sollen."*

Bei diesem Satz ist an den Hauptsatz eine Reihe von Haupt- und Gliedsätzen angehängt worden (Stilfehler: Kettensatz). Die Syntax wird nun verändert. Dazu werden Haupt- und Gliedsätze ermittelt; sie werden zu selbständigen sprachlich-gedanklichen Einheiten umgeschrieben. Dabei werden die Begriffe Hauptsatz, Gliedsatz, Satzgefüge, Prädikat, Kettensatz und Syntax verwendet.
So kann man ab und zu aus Hausaufgaben Textstellen exemplarisch herausgreifen, an der Tafel oder auf Folie notieren und die sprachlich-stilistischen Probleme untersuchen. Zur Verständigung werden dabei grammatische Fachbegriffe benutzt.
Schüler (und Lehrer) können aber auch *außerschulische Erfahrungen* mit ihrer Sprache in den Unterricht einbringen, wenn sie für eine Reflexion aller Schüler nützlich sind. Das kann von erfahrenen, erlebten oder erlittenen Situationen bis zu geplanten und herbeigeführten Situationen, also z.B. Erkundungen gehen. Die Schüler beziehen Wahrnehmungen ein zu:

- Dialekt und Soziolekt,
- Sprachmoden,
- Sprache in den Medien,
- Sprache in Konfliktsituationen,
- Sprache in öffentlichen Institutionen und Regelungen
- etc.

Beispiel: In der Jugendherberge hatten die Schüler gelesen: *„Ab 22 Uhr ist das Licht aus."* Erst nach dem Donnerwetter des Herbergsvaters ist allen die Aufforderung klar. Sollte der Herbergsvater nicht von vornherein deutlich schreiben: *„Ich als Jugendherbergsvater verbiete Euch, länger als bis 22 Uhr aufzubleiben."?* Bei einer Wertung und Abwägung verschiedener Formulierungen befassen sich die Schüler mit „verdeckenden" Formulierungen. (nach: Boettcher/Sitta 1978, S. 239ff.)

Für eine Arbeit mit dieser Variante bedarf es einer besonderen Einstellung des Lehrers: Er geht von oft zufälligen Situationen aus oder provoziert solche, in denen grammatische Phänomene aktuelle Bedeutung gewinnen. Diese Arbeit ist nur wenig planbar. Sogenannte Einführungsstunden finden dabei also nicht statt. Vielmehr nutzt der Lehrer die „fruchtbaren Momente" (Copei), um von ihnen ausgehend auch grammatische Phänomene zu beleuchten. Der Lehrer muß also bereit sein, beim Auftauchen wirklich wesentlicher und zündender situativer Angebote von seinem geplanten Stundengang abzuweichen und die ‚Gunst der Stunde' zu nutzen. Das kann man aber nicht zu oft tun, wenn der Unterricht nicht chaotisch werden und die Klasse nicht der Desorientierung ausgesetzt werden soll. Andererseits haben die Lernerfahrungen nach dieser Variante eine gute ‚Haftfähigkeit', da der Grad der Identifikation mit dem Lernvorgang sehr hoch ist. Im wesentlichen kommt es darauf an, daß der Lehrer sein Ohr für sprachliche Vorgänge innerhalb und außerhalb des Unterrichts offen hat. Er wird zudem häufiger Bilanz ziehen müssen, welche grammatischen Phänomene bereits situativ angesprochen wurden.
Eine Systematik der sprachlich bedeutungsvollen Ausschnitte aus den Lebenssituationen läßt sich nicht erreichen. Dennoch ist das situative Aufgreifen auch antizipierbar:

Lehrer mit Unterrichtserfahrungen kennen die mit hoher Wahrscheinlichkeit auftretenden sprachlichen Schwierigkeiten ihrer Schüler, wenn sie z. B. einen Brief an eine Jugendherberge schreiben müssen, wenn eine Einladung für eine Veranstaltung ansteht, wenn sie über das Ziel einer Klassenfahrt diskutieren, wenn sie einen Streit untereinander regeln müssen, wenn sie ein Problem mit einem anderen Fachlehrer vorsichtig angehen müssen etc. Das „Herangehen an Verständigungssituationen" ist dann eben planbar, wenn man mit Verständigungsproblemen rechnet, wenn man die Probleme metakommunikativ, d. h. auch mit dem Blick auf die Sprache angehen will. Hier gibt es wohl eine „zweite Art von Systematik – die Verfahrenssicherheit –, wie sie in einem induktiv-operational gestalteten situationsorientierten Grammatikunterricht aufgebaut werden kann." Im Unterricht würde an der Grammatik gearbeitet, an der Systematik nur insoweit, als der Lehrer nachhält und wiederholend einbezieht, was schon einmal behandelt wurde (Boettcher/Sitta 1979, S. 19).

Auf der Fahrt zur Schule sah der Lehrer das Plakat:

Bärenstarke Gebrauchtwagen

oder am Schwarzen Brett den Aushang:

Liebe Kollegen!
Denken Sie bitte daran, daß Sie mir rechtzeitig
Ihren Antrag auf Mutterschutzurlaub einreichen....

- Mit einer kurzen aktuellen Einblendung wird spontan ein Fall *einbezogen.*
- Mit einer kurzen Schleife werden Verständigungs- und Formulierungsprobleme im Unterricht *aufgegriffen.*
- Mit vorbereitetem Material wird eine erwartbare schwierige Sprachverwendungssituation *gestützt.*

Der Vorzug der Variante liegt u. a. darin, daß auch die Schüler in eine allgemeine Suchhaltung für *sprachliche Auffälligkeiten* gebracht und für sie sensibilisiert werden können. Sie zielt vor allem auf *sprachkritische Reflexion* und eine Verbesserung des *sprachlichen Handelns.* Sie ist nur zum Teil über ein Lernmittel zu steuern und richtet von daher hohe Ansprüche an die Selbständigkeit eines sprachbewußten und unterrichtserfahrenen Lehrers.

Situativ aufgreifen – Mögliche Methodenschritte

---

1. Permanente, latente *Erwartungshaltung* gegenüber „grammatikträchtigen Situationen" (Boettcher/Sitta).
2. *Umschalten* im Unterricht und Aufgreifen der Beispielfälle.
3. *Thematisierung* des sprachlichen Aspekts.
4. *Klärungsprozesse* unter Einbeziehung der grammatischen Fachsprache.
5. *Reflexion* zur Sprachkritik oder Ableitung von Konsequenzen für die weitere Interaktion oder die sprachliche Produktion.
6. Wiederaufnahme des verlassenen Unterrichtsstoffes.

D) Begriffe wiederverwenden

Beispiel Jg. 9: Inhaltsangabe (Korrektur)

Schocker ist das schwarze Schaf, da	G
er noch sechs Geschwister hat.	Relativsatz!

Wiederholung: Gliedsätze

Hier wird eine Stelle aus dem Unterricht vorgestellt, in der die Wiederverwendung eingeführter Begriffe eine Hilfe für die Schüler sein kann: die *Positiv-Korrektur.* Die Schüler erhalten Hinweise, wie sie ihre Formulierungen im eigenen Text verbessern können. Sie können dann bei der Berichtigung der Arbeit (Klassenarbeit, Hausarbeit und Texte im Unterricht) entweder unmittelbar auf den fachlichen Hinweis reagieren, oder sie haben die Gelegenheit nachzuschlagen oder nachzufragen, um dem Verbesserungsvorschlag zu folgen.

Im vorgestellten Fall bestand die Aufgabe darin, die Hauptfigur „Schocker" aus dem Jugendroman „Die große Flatter" (L. Ossowski) schriftlich vorzustellen. Einem Schüler unterlief der Satz: *„Schocker ist das schwarze Schaf der Familie, da er noch sechs Geschwister hat."* Der logische Bezug in seiner Formulierung ist falsch: Schocker ist nicht das schwarze Schaf in der Warga-Bande, weil er sechs Geschwister hat. Der Schüler meinte wohl: Schocker, der das schwarze Schaf in der Familie ist, hat noch sechs Geschwister. Oder besser:

Schocker, der noch sechs Geschwister hat, ist das schwarze Schaf in der Familie. Denn die Hauptaussage zielt auf seine Rolle als schwarzes Schaf, während der Relativsatz eine untergeordnete Information zu Schocker ist. Statt nun „Bz" oder „Logik!" an den Rand zu schreiben, kann man fachsprachlich raten: „G – Relativsatz!" – d. h. der Schüler soll den grammatisch falschen Bezug korrigieren, indem er aus dem Kausalsatz einen Relativsatz macht. Der Lehrer hat einen Fachbegriff zur Syntax wiederverwendet, und der Schüler muß seine Kenntnis von den Nebensätzen reaktivieren, um dem Korrekturvorschlag folgen zu können.

Ein anderes Beispiel: In einer 6. Klasse übte eine Referendarin die schriftliche Vorgangsbeschreibung wohlbedacht im September am Beispiel des Drachenbaus ein.

Am Anfang der Arbeit wird eine Begriffsliste entwickelt, die die benötigten oder entstehenden „Gegenstände" (Werkzeug, Materialien und hergestellte Gegenstände) erfaßt. Für die einzelnen Bastelhandlungen wird eine Liste „Tätigkeiten" eröffnet. Bei einer ersten Beobachtung des Bastelvorgangs bieten die Schüler Infinitivkomplexe an wie: Kordel spannen, Zeitungspapier falten etc. Die Schüler ordnen nun die nominalen und verbalen Teile der Phrasen den Listen zu. Die Schüler haben in der 5. Klasse die Begriffe Nomen, Verb und Infinitiv kennengelernt. Die Lehrerin könnte also ohne wei-

teres wechselnd von Tätigkeit oder von *Verb* sowie von Gegenstand oder von *Nomen* sprechen; sie würde so zwanglos die Begriffe durch Wiederverwendung festigen.
Auf einem Arbeitsblatt ist eine Bastelanleitung in der Form eines Lückentextes abgedruckt. Die Anleitung gibt in typischer Imperativform einzelne Arbeitsanweisungen: *„Umklebe das Lattenkreuz mit . . . ! . . . die Kordel um das Lattenende!“* Die Schüler sollen nun wechselnd Verben und Nomen in die Lücken eintragen. Sie sollen also die vorher zusammengestellten Infinitivformen in Imperative umformen.
Die Schüler benutzen danach die Anleitung als „Spickzettel“ für die Vorgangsbeschreibung. Dabei soll ein Wechsel von den Imperativformen in Aussagesätze mit Ich-Perspektive erfolgen: *„Ich wickle die Kordel um das Lattenende.“* Hier haben die Schüler Schwierigkeiten. Es wird mit Ersatzproben gearbeitet.
Während der sprachlichen Erarbeitung des Bastelvorgangs, der Umformung zu einer Anleitung und der Vorbereitung der Beschreibung könnten ohne weiteres die Begriffe Infinitiv, Imperativ, Aufforderungssätze und Aussagesätze sowie Ich-Form benutzt werden. Wenn dies nicht geschieht, muß immer wieder wörtlich zitiert werden, damit deutlich wird, welche Satzform man gerade meint. Eine einfache Zuordnung von Begriffen zu Beispielen könnte hier die Verständigung erleichtern und die Begriffe selbst durch Wiederverwendung festigen.
In dieser Situation ist also nach den *Vorkenntnissen der Schüler* oder ad hoc zu entscheiden, ob die *Begriffsverwendung* zwanglos leicht erfolgen kann, ob sie hilft oder eher stört. Das gelingt alles leichter, wenn die Begriffe, die in einer Stunde aktuell werden können oder sollen, schon in der Planung prognostiziert oder festgelegt werden.

Das *einschleifende Verfahren* kann also als eine Form der Wiederholung angesehen werden. Bei der *expliziten Wiederholung* geht es um eine gezielte Maßnahme in einem bestimmten zeitlichen Rhythmus (s. lernpsychologische Gesetze). Für die Schüler handelt es sich dabei oft um eine Prüfungssituation, da z. B. Kenntnisse erfragt werden oder in anderen Stoffen anzuwenden sind. Bei der *immanenten Wiederholung* werden unmittelbare Rückbezüge zu vorher gelernten Stoffen in einem neuen Stoffbereich hergestellt. Dabei kommt es zu Querverbindungen zwischen den Teilbereichen, wenn eine Erkenntnis aus der Sprachreflexion im Rahmen der Textproduktion wieder aufgegriffen wird. Diese immanenten Wiederholungen sind in der Regel eher funktional angelegt als die expliziten. Das einschleifende Verfahren der Wiederverwendung grammatischer Begriffe ist eher eine Wiederholung en passant.
Wesentlich ist also die Wiederverwendung des grammatischen Begriffs bei wiederholtem Begegnen des mit ihm bezeichneten Phänomens in verschiedenen, für den Begriff aber typischen Zusammenhängen. So wird allmählich über einen längeren Lernweg hinweg der grammatische Begriff mit Inhalt gefüllt und ein Grundgerüst grammatischer Begriffe und Strukturen (s. Minimalkatalog) über einige Halbjahre hinweg aufgebaut.
Dies Lernmodell ist vergleichbar mit dem Lernen eines Kindes, das z. B. den Begriff „Zylinder“ nicht durch systematische Erklärung erlernt, sondern durch die Übernahme des Sprachgebrauchs in den realen Verwendungszusammenhängen. Der Begriff Zylinder füllt sich allmählich mit den Inhalten ‚Hut‘, ‚Motorteil‘ bis hin zur abstrakten Vorstellung ‚Körper mit einer kreisförmigen Grundfläche und einer bestimmten Höhe‘.

Bei dieser Lernmethode ist wichtig, daß die Bedeutung eines Begriffs in immer wieder neuen und geänderten Kontexten erprobt und präzisiert wird: „Wenn John den Begriff Teekessel nennt, dann denkt er an all die Merkmale, die er aufgrund seiner bisherigen Erfahrung mit diesem Begriff hat. Sagt Bill Teekessel, so verbinden sich bei ihm all die Merkmale, die seine Erinnerung für den Begriff Teekessel besitzt. Es ist jedoch nahezu ausgeschlossen, daß sich die Vorstellungen hinsichtlich der Bedeutung Kessel bei beiden decken." (Hayakawa 1967)
So ergeht es den Schülern z. B. mit dem Begriff Adverb; durch Anwendung und Wiederverwendung des Begriffs in verschiedenen Kontexten müssen allmählich die divergierenden Vorstellungen zur Deckung gebracht, muß die *konventionelle Bedeutung* erreicht werden. Bedeutungsdefinitionen, d. h. die Erläuterung eines Worts durch andere Wörter, reichen nicht aus.

Die Variante folgt dem aus der Didaktik und Methodik der Fremdsprachen bekannten Verfahren des „Einschleifens", denn die grammatischen Termini sind in vieler Hinsicht für die Schüler eine Art Fremdsprache, die es zu erlernen gilt.
Voraussetzung für diese Variante ist, daß der Lehrer selbst über ein den Anforderungen der Richtlinien entsprechendes Repertoire grammatischer Begriffe verfügt und daß es sich dabei nicht um einen passiven, sondern um einen „aktiven Wortschatz" handelt: Er müßte mit mehr Selbstverständlichkeit im Unterricht bei den Prozessen der Analyse, der Produktion und Reflexion wesentliche grammatische Begriffe unmittelbar verwenden und nicht erst eine Einführung solcher Begriffe in einer späteren Grammatikstunde abwarten. Bei nicht-grammatischen Fachbegriffen wie „Figur, Methode, Detail, interpretieren, berichten, Bild, Charakter etc." fällt dies dem Lehrer meist leichter. Dem Einwand, daß so durch fachsprachliche Barrieren den Schülern das Verstehen im Deutschunterricht erschwert wird, steht die Chance entgegen, daß die fachsprachlichen Situationen einschließlich der Verstehensschwierigkeiten gerade Ausgangspunkt für expliziten Grammatikunterricht ‚an Ort und Stelle' werden können: Bei Verstehensschwierigkeiten muß der Lehrer dann erklären, oder die Schüler müssen Fachbegriffe in grammatischen Nachschlagewerken nachschlagen.
Die sich wiederholenden Verwendungen der Begriffe sind Gewöhnungsübungen, die den Gebrauch sprachlicher Muster zu Sprachgewohnheiten entwickeln, so daß eine „Geläufigkeit" in der Verwendung bestimmter grammatischer Begriffe in den für sie typischen Reflexionssituationen entsteht (vgl. Köhring/Beilharz 1973, S. 70, 100, 211). Das Lernen orientiert sich an wirklichen Situationen, nämlich an der Verwendung grammatischer Begriffe im Deutschunterricht, und führt neben der Kenntnis bestimmter Begriffe auch zu einem erwünschten Verhaltensmuster: Die Schüler beobachten den Lehrer dabei, daß er selbst grammatische Begriffe gebraucht und nicht nur als Lernstoff punktuell thematisiert; sie lernen damit auch, selbst grammatische Begriffe zu benutzen.

Begriffe wiederverwenden – Mögliche Methodenschritte

1. Der Lehrer macht sich selbst für den Gebrauch der grammatischen Begriffe (mindestens im Richlinien-Umfang) kompetent bis zu völliger Geläufigkeit.
2. Er entwickelt die *Sprachgewohnheit,* die wesentlichen Begriffe in entsprechenden Unterrichssituationen zu verwenden.
3. Er ist nicht enttäuscht oder aufgebracht, wenn Schüler einen grammatischen Begriff noch nicht kennen, sondern nutzt solche Situationen zum Erklären und Nachschlagen.
4. Er achtet auf Wiederverwendung der wesentlichen Begriffe durch wiederholte Überprüfung seiner unterrichtlichen Sprachgewohnheiten.
5. Er verstärkt das *fachsprachliche Sprechen* der Schüler.
6. Er bezieht explizite oder implizite Wiederholungen ein.

E) Im Exkurs ergänzen

Beispiel Jg. 9: Erörterung (Pro und Contra Kabelfernsehen)

Ich finde die Verkabelung gut, weil ich will ja ...

Exkurs: Argumente,
↘ Kausalsatz,
↘ Gliedsatz,
↘ Konjunktion,
finites Verb

In Jahrgang 9 wird die Frage erörtert: „Lohnt es sich, einen Kabelanschluß für das Fernsehen zu beantragen?" Dies geschieht in den Bereichen „Mündliche Kommunikation" oder „Aufsatzerziehung". Ziel ist es, den Schülern über Pro- und Contra-Argumentation weitere Verfahren der Argumentation beizubringen, z. B. den Vergleich verschiedener Standpunkte, das Ermitteln interessegeleiteter Argumente, den Aufbau einer Argumentation vom weniger Wichtigen zum Entscheidenden, die Verkettung von Argumenten etc. Bei der mündlichen Erörterung finden sich häufig Formulierungen der Form *„Ich find die Verkabelung gut, weil ich will ja eine größere Auswahl an Programmen haben."* Da diese Form der Gliedsatzbildung grammatisch inkorrekt ist und die Unterrichtsreihe zu richtiger Argumentation für die schriftliche Erörterung anleiten will, muß das Beispiel aufgegriffen werden. Aus dem Kontext einer aktuellen Erörterung heraus wird also zunächst – nach einem gewissen Abschluß der inhaltlichen Auseinandersetzung – kurzfristig ein Beispielsatz mit der genannten Fehlform abgezweigt und an die Tafel geschrieben. Entweder wird die Fehlform unmittelbar erkannt, oder

es muß der korrekte Satz kontrastiv darunter geschrieben werden, damit das Fehlerproblem auffällt. Dann werden weitere Beispiele aus der Diskussion genommen und in beiden Versionen vorgeführt. Schließlich wird an der Fehlform fachlich-metakommunikativ gearbeitet. Es muß mit den lateinischen Fachbegriffen allgemein gesagt werden, worin der Fehler besteht: Der Kausalsatz ist falsch gebildet, da die finite Verbform des Prädikats im Gliedsatz nicht an letzter Stelle steht.
Bei der generellen Betrachtung des grammatischen Problems, die ja eine Fehlervermeidung für weitere Fälle in der Argumentation bewirken soll, gelingt nun die Anwendung grammatischer Kenntnisse oft nicht. Dies ist der *Einstieg* in einen grammatischen Exkurs, in dessen Verlauf immer weiter rückschreitend der mit der Einstiegsstelle (Fehlerstelle) verbundene *grammatische Komplex* aufgearbeitet wird: Gliedsatz im Satzgefüge, Kausalsatz, Erkennungsmerkmale, Konjunktion und Endstellung des finiten Verbs, Prädikatsklammer, Infinitv, Personalform / finite Form; eventuell noch die Unterscheidung von kausaler und finaler Bedeutung des weil-Satzes:
„Ich bin für die Verkabelung, weil ich dann mehr Programme empfangen kann“ versus *„Ich bin für die Verkabelung, weil unsere Nachbarn das auch schon haben.“* Anschließend muß noch die Verwendungssituation geklärt werden: Denn die „inkorrekte“ Form der Gliedsatzbildung ist inzwischen in der mündlichen Kommunikation geläufig (s. z. B. Sprache der Moderatoren in vielen Hörfunk-Magazinen). Es zeigt sich eine aktuelle Bewegung im sprachlichen System. Für die schriftliche Kommunikation ist die Form jedoch noch nicht zugelassen. So können sich die Schüler in ihrem Sprachverhalten angemessen einrichten, ja, sie müssen sich sogar entscheiden, ob sie an der Veränderung der Sprache mitwirken wollen. Hinzu kommen die Ersatzformen für das kausale Signal in der mündlichen Kommunikation in Form der Partikel „ja, nämlich, denn...“: *„Ich bin dafür, ich will ja mehr Programme haben.“*

Der *Umfang des Exkurses* ist abhängig von den noch vorhandenen Vorkenntnissen der Schüler. Andererseits muß der Lehrer jeweils entscheiden, wie weit er in der Aufarbeitung von Kenntnislücken zurückgehen will: Je länger der grammatische Exkurs wird, um so weiter entfernt sich die Klasse vom gerade anstehenden „eigentlichen“ Thema. Das Ziel dieses Exkurses ist die *Aufarbeitung von Fehlern und Lücken* in den grammatischen Kenntnissen.
Ein anderes Ziel eines Exkurses kann aber auch die *Erweiterung der Kenntnisse* sein. Ausgangspunkt ist dann z. B. eine grammatisch korrekte Form, für die eine andere grammatische Form auf dem Wege der Ersatzprobe eingesetzt wird. Die Schüler formen in Jg. 9 etwa Textstellen aus Werbeprospekten für das Kabelfernsehen um, z. B. *„Nach dem Wortlaut des Vertrages für den Kabelanschluß ändert sich die Höhe der Gebühr für das Kabelfernsehen in den ersten zwei Jahren nicht.“* In einer Ersatzprobe heißt es: *„Das Kabelfernsehen wird in den ersten zwei Jahren nach dem Anschluß nicht teurer, wie es in dem Vertrag für den Kabelanschluß heißt.“* Es geht um den Wechsel von einer adverbiellen Bestimmung zu einem „Modalsatz“. Die komplizierte Form des Modalsatzes wird an weiteren einfacheren Beispielen beobachtet. Modalität im engeren Sinne (indem...), fehlende Umstände (ohne daß...) und Vergleichssätze (so..., wie...) werden unterschieden und geübt.

Der *Exkurs* kann im Umfang zwischen einer *aktuellen Einblendung* und einem *Kurzlehrgang* (s. R. Becker, 1982: „‚lehrgangsmäßige‘ Erweiterung“) schwanken. Der Unterschied zum situativen Aufgreifen besteht in der Ausrichtung auf systematische Zusammenhänge: entweder eine systematische Kette untereinander in Beziehung stehender grammatischer Phänomene rückwärts (Fehlerreparatur, Lückenfüllen) oder eine systematische Kette vorwärts (Erweiterung).
Der erweiternde Kurzlehrgang müßte allerdings auch nach den Prinzipien der induktiven Erarbeitung angelegt sein. Das rückwärtige Lückenfüllen könnte dagegen auch deduktiv ansetzen.

Im Exkurs ergänzen – Mögliche Methodenschritte

---

1. Feststellen eines Fehlerproblems oder einer *Lücke* in den Grammatikkenntnissen, bzw. Festlegung des *Erweiterungsziels* im Rahmen einer laufenden Unterrichtseinheit.
2. Wechsel auf die *grammatische Ebene,* in der Regel explizit.
3. Rückgriff auf bereits gelernte Einzelphänomene und Kenntnisse.
4. Erarbeitung des Richtigen oder des Vergessenen oder des Neuen durch Einzelanalysen, Vergleich mit den schon bekannten Phänomenen, Anknüpfen an die Vorkenntnisse bis hin zur Erkenntnis der Regelhaftigkeit und Verwendung des entsprechenden Fachbegriffs.
5. Ggf. Querverbindung des Neuen mit verwandten Phänomenen zur *Einordnung* in vorhandene Systemkenntnisse.
6. Ggf. *Einübung* an Beispielen aus der Materiallage, die vor dem Exkurs bestand.
7. Ende des Exkurses.

Zusammenfassung

Deutschlehrerinnen und -lehrer beschreiten den Weg zur *integrierten Grammatik,*

didaktisch:
- wenn sie sich für die *funktionale Grammatik* entscheiden und einzelne grammatische Phänomene auf ihre Funktion in ihren sprachlichen Kontexten und ihren außersprachlichen Verwendungszusammenhängen hin betrachten, also vom Grammatikunterricht zu Formen der Reflexion über Sprache übergehen;
- wenn sie für die Reflexion über Sprache eine *langfristige,* mindestens auf ein Halbjahr bezogene *Planung* durchführen und grammatische Themen in Unterrichtsreihen einplanen;

methodisch:
- wenn sie bei der *induktiven Erarbeitung* die grammatischen Phänomene in sinnvollen, funktionalen Zusammenhängen angehen (Kontextuierung);

- wenn sie grammatische Beobachtungen, Untersuchungen und Übungen an die Unterrichtsgegenstände, Themen und Prozeduren in den anderen Lernbereichen des Deutschunterrichts gezielt *anbinden* (Verknüpfung);
- wenn sie grammatische Phänomene zur Reflexion über Sprache in aktuellen unterrichtlichen oder öffentlichen Zusammenhängen *situativ aufgreifen* (Sensibilität);
- wenn sie selbst grammatische Begriffe im Unterricht gebrauchen, häufig *wiederverwenden* und somit einüben (Unterrichtssprache);
- wenn sie an Fehlerstellen, bei sichtbar werdenden Lücken oder an geeigneten Verzweigungsstellen Kenntnisse *im Exkurs ergänzen* und Zusammenhänge zwischen bekannten oder vergessenen und neuen grammatischen Phänomenen herstellen (fachliche Reaktion).

Literaturhinweise

Becker, Rita: Lehrgangsmäßige Erweiterung des situationsorientierten Grammatikunterrichts. DU 3/1982, S. 70ff.

Behr, Klaus, u. a.: Didaktik und Methodik der sprachlichen Kommunikation. Folgekurs. Weinheim: Beltz (2) 1978.

Boettcher, Wolfgang / Sitta, Horst: Der andere Grammatikunterricht. S. o. Literaturhinweise S. 23.

Dies.: Grammatik in Situationen. Ebd.

Boueke, Dietrich: Reflexion über Sprache. S. o. Literaturhinweise S. 23.

Bönsch, M.: Die Sicherung des Lernerfolgs. Neue Deutsche Schule 23–24/1975 u. 1/1976.

Hayakawa, S. I.: Semantik. Darmstadt: VDB 1967 (Übersetzung zit. nach: Stöckl, H.: Der kommunikative Aspekt der Sprache in Verbindung mit dem Deutschunterricht. Pädag. Welt 9/1974, S. 536).

Hoppe, Alfred: Aufbau einer Sprachunterrichtsmethodik auf der ‚kommunikativen Grammatik'. DU 4/1969, S. 73ff.

Ingendahl, Werner: Aufsatzerziehung als Hilfe zur Emanzipation. Düsseldorf: Schwann (4) 1976.

Köhring, Klaus H. / Beilharz, Richard: Begriffswörterbuch Fremdsprachendidaktik und -methodik. München: Hueber 1973.

Meyer, Hilbert: Unterrichtsmethoden II. Frankfurt: Scriptor 1987.

Odenbach, Karl: Die Übung im Unterricht. Braunschweig: Westermann (4) 1967.

Ossner, Jakob: Handlungsorientierung der Grammatik und im Grammatikunterricht. DD 98/1987, S. 541ff.

Rauscher, Hubertus: Didaktik des Sprachlehreunterrichts. Donauwörth: Auer 1982.

Riehme, Joachim: Grammatik/Orthographie. S. o. Literaturhinweise S. 24.

Roth, Heinrich: Pädagogische Psychologie des Lehrens und Lernens. Hannover: Schroedel (10) 1967.

Skowronek, Helmut: Lernen und Lernfähigkeit. München: Juventa (2) 1970.
Vester, Frederic: Denken, Lernen, Vergessen. München: dtv 1978.
Winkel, Rainer: Antinomische Pädagogik und Kommunikative Didaktik. Düsseldorf: Schwann 1986.
Wunderlich, Dieter: Lernziel Kommunikation. S. o. Literaturhinweise S. 25.
Ders.: Studien zur Sprechakttheorie. Frankfurt: Suhrkamp 1976.
Ders.: Arbeitsbuch Semantik. Königstein: Athenäum 1980.

Didaktisch-methodischer Kommentar zu den Sequenzen 1–10 des Materialienbandes

1. „Eisenbahn – Reisen“ (Jg. 5/6)

Sachthema: Reiseerfahrungen
Textsorte: Erlebniserzählung, Erlebnisbericht, Phantasieerzählung
Grammatisches Thema: Wortarten (Nomen, Verb, Adjektiv; Wortbildung, Wortfeld, Wortfamilie)
Materialangebot: s. Materialienband S. 7–19

Sequenzgliederung / Materialübersicht / Intentionen

Reisebilder (freie Texte)

M 1: Bilder a–d: als Sprech- und Schreibimpulse. Schüler schreiben assoziativ einfache Geschichten. Atmosphärische Einführung und Beobachtungsmaterial.

Die Eisenbahn – Nomen

M 2: Erzähltext (und Bild der Tenderlok): Schüler erfassen die unentwickelte Sprache des Jungen und die kommunikative Funktion passender Bezeichnungen.
M 3: Zeichnung einer Dampflok mit Fachbegriffen: Schüler erfassen im Vergleich mit M 2 den Bezeichnungscharakter und die semantische Funktion der Nomen.
M 4: Detaillierte Zeichnung von Gegenständen und Personen auf einem Bahnsteig: Schüler arbeiten mit Wortliste; sie ordnen Nomen zu, formulieren Sätze, führen kleine Texte zur Situation aus.

Fahren – Verben

M 5: Situationsschilderung – Ein Zug läuft ein: Schüler beobachten Geschehen und unterscheiden Handlungen, Vorgänge und Zustände.
M 6: Erlebnisbericht – Ankunft im Bahnhof: Schüler untersuchen und bewerten die Verbwahl, erkennen die Bedeutung der Verben für eine lebendige Darstellung.
M 7: Lexikonartikel „Zug“: Schüler beobachten typische Verb-Nomen-Verbindungen und erfassen die „semantische Kongruenz“.
M 8: Zeitungsmeldung (a) und -bericht (b) vom „Geisterzug“: Schüler formen die sachlichen Texte in aktionsgeladene oder perspektivische Geschichten um.

Bequem und schnell – Adjektive

M 9: Bild „Im Abteil“: Sprech- und Schreibimpuls. Schüler erzählen von Mitreisenden, Situationen und Erlebnissen im Abteil. Texte als Material zur Beobachtung von Umständen, Stimmungen und Charakteren.

M 10 / 11: Wortlisten mit Adjektiven: Schüler beobachten, wie mit Adjektiven Personen, Stimmungen und Verhalten bezeichnet und bewertet werden. Schüler suchen Gegenwörter für positive Stimmungen. Schüler sehen Wortlisten mit Nomen, Verben und Adjektiven im Zusammenhang.

M 12: Anzeige der Bundesbahn: Schüler erarbeiten die Werbefunktion der Adjektive.

M 13: Jugendbuch-Liste mit Höchstleistungen im Eisenbahnbau: Schüler arbeiten an der Flexion der Adjektive. Schüler entwickeln eine Werbung für die Bahn.

Reisegeschichten schreiben

M 14–18: Schüler setzen Erzählanfänge fort, schreiben perspektivische Texte nach einer Bilderfolge, Erzählungen nach Einzelthemen, setzen Gedichttexte fort oder in Erzähltexte um etc. Schüler verwenden die Formen der Textüberarbeitung (ESAU-Regel, Wortfamilien, Wortfelder), beobachten Formen der Wortbildung.

Didaktischer Kommentar

In diesem Unterrichtsvorschlag soll die *Reflexion über die Wortarten* verbunden werden mit der Arbeit am Wortschatz im Rahmen der Aufsatzerziehung. Es sollen – in Wiederholung der Arbeit an der Grundschule – die *Grundwortarten* unterschieden werden. Ausgewählt sind die drei Lexemklassen Nomen, Verb und Adjektiv, während die Behandlung der Funktionsklassen (Konjunktion, Präposition etc.) besser im Rahmen der Arbeit an der Syntax erfolgt.
Von Bedeutung ist vorrangig die *semantische Funktion:* Gegenstände etc. werden mit Nomen bezeichnet, Handlungen etc. mit Verben, Eigenschaften etc. mit Adjektiven. Verbunden mit der Orientierung in der Sprache ist eine bewußtere Orientierung in der Wirklichkeit; mit der Gliederung des Wortschatzes soll die differenziertere Wahrnehmung der Wirklichkeit gefördert werden. Damit wird die *kommunikative Funktion* einbezogen: Eine sachadäquate Verständigung gelingt erst, wenn man über den Wortschatz des entsprechenden Sachbereichs verfügt. Andernfalls kann es zu Störungen und Mißverständnissen kommen. Das *morphologische Kriterium* kann berücksichtigt werden: Nomen sind deklinierbar nach Kasus, Numerus und Genus; Adjektive ebenso, und sie sind steigerungsfähig; Verben sind konjugierbar nach Tempus, Modus und Personen.
Die Leistung der *Nomen* soll beobachtet werden bei einem Durchgang durch den Wirklichkeitsausschnitt „Bahnhof/Eisenbahn“. Dabei sind allgemein bekannte Wörter (z. B. Koffer) und Fachbegriffe (z. B. Streckennetzplan) sowie Konkreta (z. B. Puffer)

und Abstrakta (z. B. Halt) oder auch Oberbegriffe (z. B. Gleis) und Unterbegriffe (z. B. Schiene, Schwelle, Schotter) unterscheidbar.
Bei der Beobachtung der *Verben* können Subklassen gebildet werden aus den Handlungs-, Vorgangs- und Zustandsverben (z. B. schrauben – einfahren – bleiben). Ihre Bedeutung wird durch Konfrontation mit der Erfahrung geprüft: Gibt ein Verb angemessen eine Handlung, einen Vorgang oder einen Zustand wieder? Oder wird in den Texten/Aufsätzen schwülstig, überladen, gekünstelt dargestellt? Speziell für die Textsorten Erzählen/Berichten ist der einfache und doch persönliche Stil vorzuziehen, da mit ihm die Glaubwürdigkeit steht und fällt. Aktionsintensive, lautmalende und anschauliche Verben sind dennoch im Rahmen der Spannungssteigerung und einer leserfreundlichen Konkretisierung angebracht.
Unter den *Adjektiven* sind die sachlich beschreibenden/informierenden Adjektive (z. B. steil, kantig), mit denen genauere Details von einer Sache oder Person vermittelt werden, zu unterscheiden von den eher subjektiv charakterisierenden/bewertenden (z. B. zänkisch, ordentlich), mit denen die Art einer Sache oder Person aus einer persönlichen Perspektive gekennzeichnet wird.

Die verschiedenen Funktionen der Wortarten sind der Hauptteil des grammatischen Programms. Es kann ergänzt werden um Einsichten in die *Wortbildung:* Komposita; Grundwort und Bestimmungswort; Ableitung mit Präfix und Suffix; Wortfamilie; Wortfeld; Wörter und Gegenwörter. Bei Überlegungen zur *Wortbedeutung* kann es generell um den Zeichencharakter der Wörter einer bestimmten Wirklichkeit gegenüber gehen. Eindeutigkeit und Mehrdeutigkeit lassen sich spielerisch unterscheiden. Das gewählte Sachthema hat den Vorteil, daß mit ihm zugleich vermittelt werden kann: Wortbedeutungen gibt es nicht isoliert, sondern immer im Zusammenspiel mit anderen Wörtern; es gibt einen inneren Zusammenhang der zu einem Wort mitgedachten Wörter aus einer Wortgruppe. So bilden all die zu „Bahnsteig" aufgeführten Wörter (M 4) ein *semantisches Feld,* sie gehören zu einem „Sinnbezirk". Davon zu unterscheiden wären das Wortfeld der bedeutungsverwandten Wörter (fahren – reisen, kutschieren, radeln, segeln etc.) und die *Wortfamilie* der durch etymologische Gemeinsamkeiten verbundenen Wörter (fahren – Fähre, Fuhre, führen etc.). Diese Beobachtungen zu den Wörtern lassen sich funktional bei der Überarbeitung von Texten nutzen.

Mit der Reflexion über die Wortarten verbunden wird die Textproduktion von *Erlebniserzählungen, Erlebnisberichten* und *Phantasiegeschichten.* Die Erlebniserzählung wird vorrangig als schriftliches Erzählen gelingen und ist in den seltensten Fällen aus dem mündlichen Erzählen abzuleiten. „Man sollte ihr (der Erlebniserzählung, G. E.) dabei stärker berichtende als pseudodichterische Impulse geben. Dafür müßte eine freie, fiktionale Erzählung, die sogenannte Phantasieerzählung also, stärker berücksichtigt werden." (Geißler 1968, S. 112)

Dabei ist für die sprachliche Seite der Texte von Bedeutung, daß über die Arbeit an den Wortarten die Gestaltungsziele oder *Schreibregeln* unterstützt werden. Die schriftlichen Texte sollen sein:

- konkret und genau in der Sache
- anschaulich, intensiv und variationsreich in der Wortwahl
- überlegt, spannungsvoll und aktionsreich im Erzählplan (Abfolge der Handlungsschritte/Ereignisse).

Die Vorgänge der *Textüberarbeitung* beziehen die Arbeit am Wortschatz ein. Für diesen Zweck sind Textvergleiche und Fehlertexte vorzusehen. Aber auch die Überarbeitung der eigenen Texte kann den Schülern die Funktion der Arbeit an den Wortarten verdeutlichen. Dabei sind die linguistischen Proben einsetzbar:

ESAU-Regel → Ergänzen/Streichen/Austauschen/Umstellen.

Speziell bei der Austausch-Probe wird über das erstellte Wortmaterial verfügt.
Neben der *kommunikativen Funktion* der o. g. Textsorten, die etwa bei Unterhaltungen oder bei unterhaltendem Erzählen zum Tragen kommt, wird im Zusammenhang mit der Arbeit an den Wortarten die *heuristische Funktion* der Textproduktion wichtig: das Erschließen von Wirklichkeit mit Hilfe der Sprache. So sind die Texte zunächst Mitteilungen, mit der Differenzierung der eingesetzten Sprache erfolgt aber zugleich eine Auseinandersetzung mit der erlebten Wirklichkeit.
Das *Sachthema* dürfte für die Jahrgangsstufe 5/6 Schreibmotivation bieten: Gemeinsame Klassenfahrten, bewußter wahrgenommene Reisen, das stärkere Hineinwachsen in die Rolle des Verkehrsteilnehmers, die selbständigere Entfernung vom Elternhaus etc. bieten Gelegenheiten, sich mit dem öffentlichen Bereich Bahnhof – Eisenbahn – Reisen zu befassen.

Themenstellungen: Zu einem Rahmenthema „Eisenbahn“ oder „Reisen“ oder „Bahnhof“ können die Schüler/innen selbst assoziativ ein begrenzteres Thema finden. Dabei können sie von einem Einzelerlebnis („Eine aufregende Bahnfahrt“) oder auch von einer Erkundung („Sonntagvormittag, Bahnsteig 3“) erzählen, berichten oder phantasieren.
Einzelerlebnisse: „Zug verpaßt!“ – „Gerade noch geschafft!“ – „Fahrkarte vergessen“ – „Reisefieber“ – „Erinnerungen an meine erste Bahnfahrt“ – „Unterwegs nach ...“ – „Der Zug hatte mal wieder Verspätung“ – „Kein Platz im völlig überfüllten Zug“ – „Ärger mit dem Automaten“ – „Pünktlich abgeholt“ – „Bahnpolizei im Einsatz“ – ...
Beobachtungen/Erkundungen: „Ausländertreff Hauptbahnhof“ – „Begegnungen im Abteil“ – „Vor dem Schalter in der Schlange“ – „Ein Rundgang durch die Bahnhofshalle“ – „Gepäckaufbewahrung“; „Der Zug fährt ein“ – „Vorsicht bei der Abfahrt des Zuges“ – „Abschied von sympathischen Mitreisenden“ – „Mit der S-Bahn in die Stadt“ – „Nachfrage bei der Auskunft“ – „Hochbetrieb beim Intercity 712 ‚Diplomat‘ 16.10 Uhr, Bahnsteig 8“ – „Bei der Bahnhofsmission“ – „Die Arbeit des Kurierdienstes“ ...

Methodenhinweise

Reisebilder (freie Texte)

M 1: Sprech- und Schreibimpulse dienen als Sequenzstimulus. Die Schüler können mündlich Eindrücke/Erlebnisse wiedergeben oder Texte schreiben: Erlebniserzählungen aus der Erinnerung, angestoßen durch ein Bild, Situationsdarstellungen, eine Geschichte, die den Bildinhalt in einen Text umsetzt, Sprechblasentexte, neue Personen einführen und Dialoge entwickeln, die Bilder a–d zu einer Bildfolge festlegen und dazu einen passenden Text schreiben etc. Die entstehenden Texte können im weiteren Verlauf für die Beobachtungen zur Wortwahl und zu den Schreibregeln sowie für die Textverarbeitung herangezogen werden; daher sollten einige Schüler auf Matrize/Folie schreiben.

Die Eisenbahn – Nomen

M 2–M 4: Die „Geschichte vom kleinen Steff" ist ein Kindheitserlebnis aus Stefan Andres' Autobiographie „Der Knabe im Brunnen". Steff ist mit den Eltern aus dem Dhrontal in den größeren Moselort Schweich nahe Trier umgezogen und begegnet zum ersten Mal einer Eisenbahn. Der Text zeigt die naive Kindersprache, die noch nicht über die Begriffe verfügt, die für eine sachgemäße Darstellung der Wirklichkeit nötig wären: Jauchefaß, Pudelfaß, Häuschen auf Rädern für Eisenbahn; Schornsteinfeger für Heizer, Männer für Lokführer und Heizer, Herd für die Feuerbüchse der Lok, offenes Häuschen für Lokführerhaus, glänzende Balken für Schienen etc.
Die Schüler versuchen eine adäquate Übersetzung der kindersprachlichen Teile. Sie überlegen die Folgen, wenn man einen unterentwickelten Wortschatz besitzt, indem sie eine Sprechsituation annehmen, die das Problem verschärft: Steff erzählt einem Freund von dem Jauchewagen etc. Der versteht aber nicht und muß nachfragen. Die Schüler spielen diese Situation und erfahren so die kommunikative Störung und die Bedeutung richtiger Begriffe in der Kommunikation.
Die Schüler simulieren eine solche Situation, indem sie ihren Mitschülern in Kindersprache einen Haushaltsgegenstand oder einen Ort ohne Anwendung präziser Fachbegriffe darstellen; die Auflösung des Rätsels erfolgt durch Anwendung der genauen Bezeichnungen. So wird den Schülern klar, daß in ihrer Umgebung alle Dinge zur Unterscheidung jedes einzelnen mit einem eigenen Begriff bezeichnet sind (referentielle Funktion).
M 3 zeigt im starken Kontrast zu M 2 die weite Entfaltung eines fachspezifischen Vokabulars. Die Schüler trennen in der Wortliste ihnen bekannte von unbekannten Nomen. Sie überlegen die Ursachen dieser Differenzierung (Entwicklung technischer Details) und die Notwendigkeit (Unterscheidung der Maschinenteile); sie überlegen, wann solche Begriffe verwendet werden (z. B. Reparaturaufträge, Ausbildung des Lokführers, Konstruktion einer Lok etc.). Sie erklären in einfachen Sätzen die Funktion der Teile 3, 16, 17 (Dampferzeugung); 32, 33, 27, 37 (Antrieb); 14, 15, 19 (Bremshilfe).
Bei M 4 evtl. zunächst die Bilder ohne die Wortliste ausgeben: Was kennt ihr schon –

was ist euch nicht geläufig? Die Schüler benennen die Dinge, legen selbst eine Wortliste an: Die Bezeichnungsfunktion der Wortart Nomen wird wiederholt und praktiziert. Dann wird die vorgegebene Wortliste einbezogen: Vergleich mit der eigenen Wortliste zur Unterscheidung allgemein gebräuchlicher Begriffe und Fachbegriffe. Es kann auch die Wortliste sofort mit den Bildern – allerdings ohne die Zahlen – vor den Wörtern vorgelegt werden, und die Schüler ordnen so ihnen schon Bekanntes zu. Mit dem Sprachmaterial können Texte geschrieben werden: Beobachtung der Bahnbediensteten oder der Fahrgäste. In die Texte sollen möglichst die Gegenstände und Zug- oder Bahnsteigteile einbezogen werden.
Überleitung zur Wortart „Verben“: An M 4 die Tätigkeiten der Personen erläutern; Tätigkeiten in Infinitivgruppen, in Sätzen oder in Situationsbeschreibungen (Texten) schreiben lassen: Der Auskunftsbeamte grüßt, er legt die flache Hand an den Mützenschirm, er schlägt sein Fahrplanbuch auf, er sieht nach ...

Der Aufsichtsbeamte {
- beobachtet den Bahnsteig
- hält seine Kelle
- gibt das Abfahrtsignal
- steht herum

...

Die Reisenden {
- ...
- ...
- ...

Der Zug {
- ...
- ...
- ...

Fahren – Verben

M 5–M 8: Mit einer zu der Situation in M 4 passenden Pantomime „Ankunft (oder Aufenthalt/Arbeit/Abschied) auf Bahnsteig 3“ beginnen und die Pantomimen nacherzählen lassen. So kann zu *„Tätigkeiten/Verhalten“* und somit zu den „Verben“ übergeleitet werden.
An M 5 und M 6 die Vorgänge des Fahrens oder Anhaltens, die Handlungen und Reaktionen der Menschen in beiden Texten vergleichen. Den Nutzen *aktionsintensiver* (stolpert, kippt nach vorn ...) oder *lautmalender* Verben (faucht, quietscht ...) einschätzen. Einzelne Sätze herausgreifen und die Verben gegen andere austauschen; die unterschiedliche Wirkung beobachten und dieses Verfahren für das eigene Schreiben (Austauschprobe) einführen:

Der andere	öffnet knackt kaut	Erdnüsse.	Auf dem Bahnhof	stoppt staut sich wartet	die Masse.

Die vorgelegten Texte in Auswahl überarbeiten. In den Texten, Vorgänge Handlungen und Zustände beboachten. Sie werden durch entsprechende Verben nachvollziehbar. Verben danach sortieren (Exkurs: transitive, intransitive Verben). Ggf. Textanfang von M 5 ohne Verben ausgeben (in einigen Zeilen gelöscht) und Verben einfügen oder aus Liste zuordnen lassen. So den Informationswert der Verben erarbeiten.
Bei M 7 typische Verb-Nomen-Verbindungen feststellen: sich nach den Zügen erkundigen, im Zug sitzen, der Zug läuft ein etc. So in das Phänomen der semantischen Kongruenz einführen: Im Bahnhof heißt es „Vorsicht an der Bahnsteigkante!“ und nicht „... an der Bürgersteigkante, am Bordstein!“ o. ä.
Für den Sachbereich „Eisenbahn“ typische Verb-Nomen-Verbindungen aus den Texten M 5 und M 6 zusammenstellen (durch Infinitivgruppen): Zug – einlaufen / Tür – aufstoßen / sich erheben – von den Sitzen / Bremsbacken – quietschen ...; weitere selbst zusammenstellen.
Durch Vergleich der Verben in M 5/6 mit M 8 den Erlebnisbezug in den Texten M 5/6 vom Sachbezug in M 8 unterscheiden. Für die eigene Textproduktion die aktionsgeladenen, intensiven sowie die anschaulichen und die mit Emotionen verbundenen Verben als Stilmittel herausstellen.
Zu M 8 perspektivische Erlebnistexte verfassen: aus der Sicht des Fahrdienstleiters „Eben noch die Weiche verstellt“ oder des Lokführers „Da sah ich nur noch die Schlußlichter“.

Bequem und schnell – Adjektive

M 9 – M 13: Thema ist die Wortart Adjektiv. Sie hat hier Funktion bei der Wiedergabe von Erfahrungen mit Menschen: Eindrücke werden in Adjektive umgesetzt (M 9 – M 11). Sie hat weiter Funktion im Falle der Werbung (M 12) und bei der Information über Sachverhalte (M 10b/13).
Das Thema „Adjektive“ mit Äußerungen zum Bildeindruck beginnen; ggf. eine Beschreibung, eine Spielszene oder eine Phantasiegeschichte „Unterwegs haben wir viel Spaß gehabt!“ Dabei werden sicher Adjektive von den Schülern gebraucht und für die weitere Arbeit an der Wortart bereitgestellt. Im Gespräch über die Schülerbeiträge die Rolle der Adjektive klären.
Im Vergleich von M 10 a und b die eher beschreibenden von den eher bewertenden Adjektiven unterscheiden (nicht stringent trennscharf!).
Zu den Wortlisten M 10a / M 11 Listen mit weiteren negativ wertenden Adjektiven oder positiven Gegenwörtern erstellen lassen. An M 11 beobachten, daß die Beschreibung oder Bewertung von Personen und ihrem Verhalten auch von den anderen Wortarten (Nomen, Verben) übernommen werden kann. (Exkurs: attributive, prädikative und adverbielle Funktion von Adjektiven: angenehme Mitreisende / sie sind angenehm / sie verhalten sich angenehm)

Einen Text aus der Sicht eines Fahrgastes, der vom Gang aus den beiden Mädchen in M 9 zusieht, verfassen lassen: Seine Beobachtungen und Gedanken „Ein geselliges Völkchen“ enthalten Wertungen.

Eine Pantomime: „Im verräucherten Abteil“, „Entschuldigung, ist hier noch ein Platz frei?“, „Darf ich Ihnen behilflich sein?“ durchführen. Im vorbereitenden oder auswertenden Gespräch auf charakterisierende Adjektive und andere Mittel der „Aufwertung und Abwertung“ eingehen.
Die Texte M 12/13 vergleichen: Adjektivhäufungen der Werbung (M 12) – informierende Adjektive aus einem Jugendbuch (M 13). Die Funktion der Adjektive in Hinsicht auf die Leser ermitteln: Adressaten von M 12: Geschäftsleute, von M 13: jugendliche Eisenbahnfans (deren Interesse an Höchstleistungen: Rolle des Superlativs). (Exkurs: Steigerungsstufen und Flexion der Adjektive im Zusammenhang mit den Superlativen). Selbst eine DB-Werbung (mit entspr. Adjektiven) verfassen: an Jugendliche gerichtet, nach dem Muster von M 12. Selbst weitere Bahn-/Reisewerbung mitbringen.

Reisegeschichten schreiben

M 14–M 18: Hier geht es um Anwendungen der Kenntnisse von den Wortarten in der Textproduktion. Dabei sind die methodischen Varianten: Ausgestaltung eines Erlebniskerns zu einer Erzählung; Schreiben eines Paralleltextes, einer Textfortsetzung, weiterer Texte nach einem Rahmenthema oder nach Einzelthemen (s. o. S. 55), nach einer Bildkombination sowie nach Ansätzen für „Phantasiereisen“ (Gedichte).
Zu den Textanfängen M 14/15 Fortsetzungen schreiben. Vorher beobachten, daß die Textanfänge *Komplikationen* aufgebaut haben. Dies als typisches Mittel für spannende *Erzählpläne* herausstellen. Die Fortsetzung muß also diese Komplikation zu einer Lösung bringen. Evtl. Paralleltexte zu den Themen von M 14/15 aus dem Erleben oder der Phantasie schreiben.
Aus den Bildern in M 16 selbst eine sinnvolle Reihenfolge zusammenstellen, der Bilderfolge einen Titel geben und dazu eine Geschichte schreiben. Bei dieser Aufgabe besonders auf spezifische (Fach-)Begriffe aus dem Sachbereich „Eisenbahn“ (s. o.) achten.
Zu M 17 einen Paralleltext schreiben: statt Urlaubsfahrt mit dem Auto nun „Urlaubsfahrt mit der Bahn“, nach dem Muster der Textvorlage: alle drei Wortarten werden gezielt gestreut.
Zu M 18 weitere Strophen bilden: mit anderen Fahrzeugen nach Schiff und Flugzeug – Anregungen aus dem Bildstreifen entnehmen.
Schüler können Texte nach M 14–M 18 sowie Texte nach Einzelthemen (s. o. S. 55) auch arbeitsteilig nach freier Wahl verfassen. Aus den Produkten ein „Klassen-Lesebuch: Reisen“ zusammenstellen.

Exkurs: Reisewörter – Wortfeld, Wortfamilie, Wortbildung (s. S. 60f.)

Mit folgenden Beispielen werden Methoden zur weiteren Arbeit am Wortschatz angezeigt, die für die Vorbereitung auf das Schreiben über einen bestimmten Sachverhalt häufig eingesetzt werden, eine Erweiterung des Wortschatzes anzielen und Einsichten in die Wortbildung und das Gefüge des Wortschatzes bieten. Die Schüler nutzen diese Methoden analog.

Reisewörter

a) Komposita

Weltreise
Reiselust
Dienstreise
Reisewecker
Eisenbahnreise
Reiseprogramm
Gesellschaftsreise
Reisebekanntschaft
Geschäftsreise
Reisevertreter
Ferienreise
...

Reiseverpflegung
Urlaubsreise
Reiseverkehr
Tagesreise
Reisekoffer
Badereise
Reisezeit
Durchreise
Reiseführer
Hochzeitsreise
Reisegefährte
...

b) Wortbildung

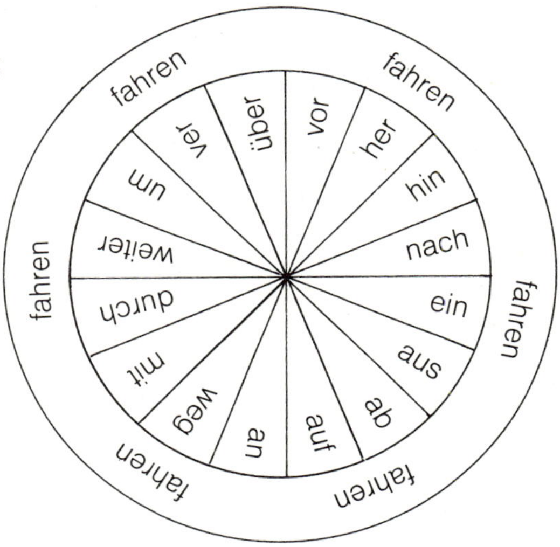

c) Zerlegung

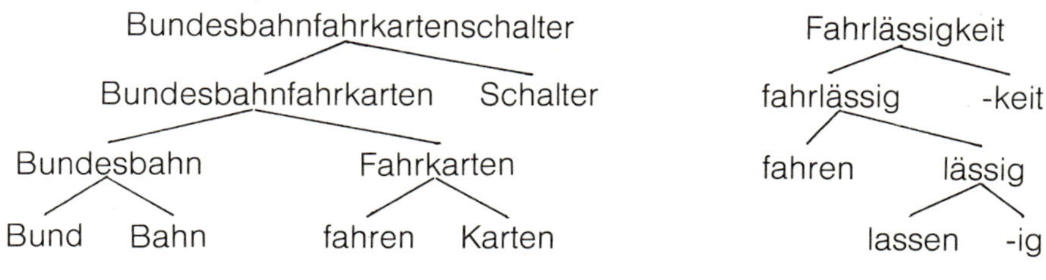

d) Wortfamilie

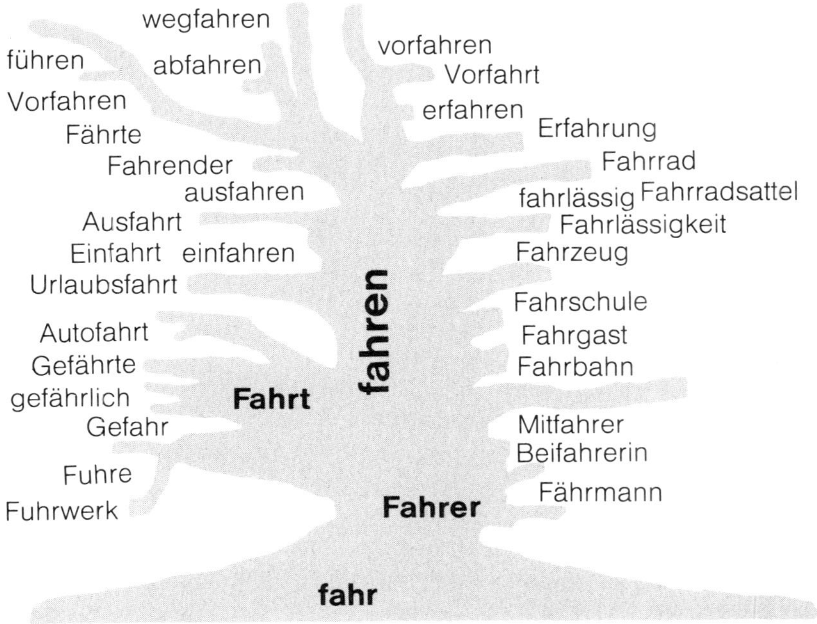

e) Wortfeld

fahren

fliegen	rudern	rollen
segeln	schwimmen	radeln
schweben	gondeln	rodeln
⋮	⋮	⋮
(in der Luft)	(zu Wasser)	(auf dem Land)

gehen

eilen ... ...

f) Mehrdeutigkeit

Zug
- Eisenbahn
- Schubfach
- Weiterrücken beim Schach ...
- Schluck
- Windbewegung
- Gesichtslinie

a) Weitere „Komposita" bilden und das Konstruktionsprinzip Nomen + Nomen erkennen; dabei Grundwort – Bestimmungswort unterscheiden.

b) Zu den Verben der Rosette mit kurzen Beispielen und im Kontrast untereinander die Bedeutung der zusammengesetzten Verben erläutern und das Konstruktionsprinzip Präfix + Verb erkennen. Weitere „Ableitungen" an einem anderen einfachen Verb (essen ...) bilden.

c) Mit dem Verfahren der Zerlegung Grund- und Bestimmungswort unterscheiden sowie die Bestandteile mehrfacher Komposita oder auch von Ableitungen ermitteln.

d) Am Baum der Wortfamilie die Mischung der Wortbildungsmuster in der Wortfamilie erkennen. Eine Wortfamilie „sprechen" erstellen.

e) Am Wortfeld den Zusammenhang und die Untergliederungsmöglichkeiten eines „Sinnbezirks" beobachten und das Beispiel zu „gehen" ausführen.

f) Manche Wörter (Homonyme) sind mehrdeutig. Anhand des Teekesselspiels zu z. B. „Zug", „Bahn", „Leitung", „Gepäckträger" etc. das Prinzip der Mehrdeutigkeit erspielen.

Einführung der ESAU-Regel zur Textüberarbeitung:

Bei der Gestaltung eigener Texte sollen die Vorgänge der Textüberarbeitung berücksichtigt werden: die verschiedenen linguistischen Operationen (Proben), wie sie Glinz und Ingendahl eingeführt haben. Mein Merkwort ESAU umfaßt dabei die Ergänzungs- oder Erweiterungsprobe, die Streich- oder Weglaßprobe, die Austausch- oder Ersatzprobe und die Umstell- oder Verschiebeprobe. Im Mittelpunkt dieser Sequenz kann die Überarbeitung der Wortwahl und -stellung stehen; ansonsten bezieht sich die Regel auch auf größere Wortkomplexe, Sätze und Abschnitte eines Textes.

Fassung für die Schüler:

ESAU – Regel zur Textüberarbeitung

Wenn du deinen Text noch einmal durchliest, wirst du feststellen, daß noch einiges zu überarbeiten ist. Außer Fehlern in der Rechtschreibung und Zeichensetzung sind noch andere Stellen sprachlich zu überarbeiten:

E*rgänzen,* wo etwas fehlt (ein Wort, Satz, Abschnitt).
S*treichen,* wo etwas überflüssig oder falsch ist.
A*ustauschen,* wo du bessere Ausdrücke oder Ideen hast.
U*mstellen,* wo der Satzbau oder Gedankengang verwirrend ist.

Die Überarbeitung exemplarisch an Fehlertexten auf Folie oder mit Sätzen an der Tafel durchführen.
Beispiel für einen Fehlertext. Hier geht es vor allem um die Überarbeitung der gewählten Verben und einzelner Sätze, s. „!“:

> Eine herrliche Omnibusfahrt
> Voller Spannung erwarten wir den nächsten Tag. Punkt sechs Uhr ratterte (!) bereits ein neuer Omnibus vor unserem Heim. Gutgepolsterte Sitze und breite Aussichtsfenster sagten vergnügte Stunden voraus. (!) Auf allen Gesichtern strahlte fröhliche Laune. (!) Schon fünf Minuten nach sechs Uhr brausten (!) wir durch das stille Dorf S. Wiesen und Felder flogen an uns vorbei. (!)
> Nach längerer Fahrt wurde in T. Halt gemacht. Von hier aus bestiegen wir den Hohentwiel, auf dem nur noch die Trümmer einer uralten Festung zu sehen sind. Der weit verbreitete Nebel bot leider keine Sicht. (!) Drum hielten wir uns auf dem Berge nur kurz auf ...
> Endlich gelangten wir (!) auf die Insel Mainau im Bodensee. Gepflegte Wege schlängelten sich zwischen herrlichen Blumenbeeten hindurch. Wir staunten über die große Zahl einheimischer wie ausländischer Pflanzen. Andere Wege zeigten (!) große und kleine Bäume, die ich noch nie sah. Niedliche Schildchen (!) bezeichneten Name und Herkunftsland. Inmitten der Insel (!) erhob sich ein Hügel mit dem Schloß, umgeben von Orangen- und Zitronenbäumen. Während auf einem erhöhten Platze Zitronen- und Orangenbäume in schönster Blüte dastanden, trugen andere, weiter unten, schon Früchte. Üppige Kakteen von verschiedenen Formen, Palmen und andere tropische Gewächse verschönerten die Anlagen. Umgeben von allen Herrlichkeiten (!), plätscherte ein Springbrunnen. Vier Rohre spendeten ständig frisches Wasser und wohltuende Kühle. (!) Einige Goldfische tummelten sich lustig im Becken. Zwei weiße Pfauen spazierten erhobenen Hauptes (!) in einem eingezäunten Gartenstück.

Mögliche Lernerfolgskontrollen

- Erzähltexte (Erlebnisse s. S. 55, perspektivische Texte s. M 8, M 16)
- Geschichten nach Bildimpulsen (M 1, M 9, M 16)
- grammatischer Test: Wortarten nach bestimmten Aspekten in Texten erkennen und sortieren: z. B. nach Funktionen, Formen der Wortbildung, Flexionsformen etc.; dazu Texte aus dem Sachbereich (Bahn – Reisen) vorlegen, bzw. den grammatischen Aspekt an einem selbst verfaßten Aufsatz untersuchen lassen.
- Werbetext (s. M 12 mit Untersuchung der Wortarten)

Varianten/Verzweigungen

- von den Texten M 5, 6, 14, 15 her beginnen und über Formulierungsprobleme hier und an Schüler-Texten (s. S. 59) auf die Wortarten und ihre Funktionen übergehen
- ggf. Übertragung von Teilerfahrungen und Kenntnissen auf einen anderen Sachbereich (z. B. Schiffahrt)
- ggf. Zusammenhang herstellen zur Rolle der Wortarten im Satz: Nomen – Subjekt/Objekt; Verb – Prädikatskern; Adjektiv – in attributiver, prädikativer oder adverbieller Funktion
- Bezug zu den Sequenzen Nr. 2, 3, 5, 9.

Literaturhinweise

Erzählen/Berichten:

Eckhardt, J. / Helmers, H.: Reform des Aufsatzunterrichts. Stuttgart: Metzler 1980
Ehlich, K. (Hg.): Erzählen in der Schule. Tübingen: Narr 1984
Flader, D. / Hurrelmann, B.: Erzählen im Klassenzimmer. DU 5/1982, S. 105ff.
Geißler, R.: Die Erlebniserzählung zum Beispiel. Die Deutsche Schule 2/1968, S. 102–112
Ostermann, F.: Kreative Prozesse im „Aufsatzunterricht". Paderborn: Schöningh-UTB (2) 1977
Themenhefte „Erzählen": PD 49/1981 und DU 2/1980
Sucharowski, W.: Zusammenhänge zwischen schriftlichem und mündlichem Erzählen. DU 4/1982, S. 20ff.

Wortarten / Wortbildung / „Sinnbezirk Bahn – Reisen":

Dornseiff, F.: Der deutsche Wortschatz in Sachgruppen. Berlin: de Gruyter, Kap. 8.4/ 8.11/16.6
Erben, J.: Einführung in die deutsche Wortbildungslehre. Berlin (2) 1983
Knobloch, C.: Wortarten in der Schule? DU 2/1986, S. 37ff.
Sitta, H.: Wortarten und Satzglieder in deutschen Grammatiken. Beiheft zu: PD 68, S. 1–16
Wortschatz und Wörterbuch. Themenheft DU 5/1984

Textüberarbeitung / linguistische Proben:

Augst, G.: Schreiben als Überarbeiten. DU 3/1988, S. 51ff.
Brekle, W. / Jänicke, L.: Zur Überarbeitung von Entwürfen. DU (Berlin) 1980, S. 35ff.
Ingendahl, W: Aufsatzerziehung als Hilfe zur Emanzipation. Düsseldorf: Schwann (4) 1976
Menzel, W.: Texte überarbeiten. PD Sonderheft 1979, S. 133ff.

Anregung zu
Text – S. 60: a) Tilde Michels, Reisewörter. In: Der fliegende Robert. Viertes Jahrbuch der Kinderliteratur. Hrsg. von Hans-Joachim Gelberg. Beltz Verlag, Weinheim und Basel 1977. Programm Beltz & Gelberg, Weinheim.
b) Bernd Stadler: Sprechhandeln und Grammatik Bd. 1. München: R. Oldenbourg Verlag 1978.
Text – S. 63: Schülertext aus Zeller/Beck: Aufsatzerziehung und Aufsatzunterricht. Bad Godesberg: Dürr & Kessler 1966.

2. „Vom Fliegen“ (Jg. 5/6)

Sachthema: Fluggeschichten
Textsorte: Erzählungen, Nacherzählungen
Grammatisches Thema: Pronomen, Textverflechtung
Materialangebot: s. Materialienband S. 20–29

Sequenzgliederung/Materialübersicht/Intentionen

Wer ist es? – Pronomen als Stellvertreter

M 1: Rätsel lösen und dabei sehen, daß das Lösungs-Nomen das Pronomen ablöst.

M 2 – 3: In einer Eulenspiegelgeschichte ohne Nennung der Personen die Nomen an der richtigen Stelle einsetzen; in einer Geschichte die überall eingesetzten Nomen in richtiger Auswahl durch Pronomen ersetzen und erkennen, daß dies nicht schematisch möglich ist, sondern von der Informationslage abhängt.

Der Schmetterling ..., er flog davon. – Pronomen als Verknüpfungselemente

M 4 – 6: Eine Geschichte mit vertauschten Abschnitten ordnen und dabei erkennen, daß der Wechsel Nomen – Pronomen hilft, die Geschichte in der richtigen Reihenfolge nachzuerzählen. Die Verknüpfung grafisch deutlich machen. Textverflechtung als Konstruktionsprinzip der Erzählung sehen.

Nacherzählungen zu Dädalos und Ikaros – Handlungsträger (Nomen und Pronomen)

M 7 – 8: Handlungsschritte der Handlungsträger als Gliederungselemente der Nacherzählung erkennen, die Handlungsträger mit Nomen/Pronomen zusammensehen. Pronominaladverbien als Mittel der Satzverknüpfung untersuchen und nutzen.

Fluggeschichten nacherzählen – Schreibregeln beachten

M 9 – 11: Schriftliches Nacherzählen von zwei Geschichten unter Beachtung der Schreibregeln und mit Textüberarbeitung. Wechsel der temporalen Verknüpfung.

Rätselgeschichten und Bildgeschichten – Wechsel von Pronomen und Nomen

M 12–15: Eine Rätselgeschichte über Leonardo da Vinci lösen und nacherzählen; selber Rätselgeschichten über Flugpioniere verfassen. Zu Bildimpulsen und einer Bildergeschichte Erzählungen schreiben; Textverflechtung anwenden.

Didaktischer Kommentar

Pronomen sind weniger als eigene große Gruppe der Wortarten unter lexikalischem Aspekt von Interesse als vielmehr in ihrer *syntaktischen Funktion:* Sie wirken entscheidend mit an der Verknüpfung von Wörtern und Sätzen zu Texten.
Über die Satzgrenzen hinaus sind sie beteiligt an der Bildung der „Makrosyntax" und gewährleisten die „Textkohärenz" (Scherner): Sie stellen vorwärts und rückwärts im Text Bezüge zwischen Nomen oder nominalen Gruppen her und ersetzen sie. Generell gibt es in Texten neben der thematischen, der temporalen und der logischen Verknüpfung eine Ebene der pronominalen Verflechtung.
Daneben besitzen Pronomen eine *stilistische Funktion:* Durch den Einsatz der Pronomen wird verhindert, daß in einem Text schon genannte Nomen jedesmal wiederholt werden müssen, wenn es erneut um die schon eingeführte Person oder Sache geht. Damit wird das Prinzip der Variation unterstützt und Monotonie verringert.
Schließlich haben die Pronomen eine *erzähldramaturgische Funktion:* So können erst später im Text als Nomen erscheinende Personen oder Dinge schon vorausdeutend durch Pronomen eingeführt werden. Damit wird das Prinzip der Spannung durch Andeutung unterstützt. Beim Schreiben ist der Gebrauch der Pronomen also zu beachten.

In der syntaktischen Funktion der Textverflechtung steht das Pronomen neben anderen Verknüpfungsformen:

Wie werden Wörter und Sätze verknüpft, so daß ein Text entsteht?

1.	Wiederholung von Wörtern mit Wechsel vom unbestimmten zum bestimmten *Artikel*	*ein* Vogel – *der* Vogel
2.	Verknüpfung durch *Pronomen*	
2.1	Wiederaufnahme durch Personalpronomen/ Demonstrativpronomen	die Tochter – *sie* der Sohn – *dieser*
2.2	Wiederaufnahme durch Relativpronomen	der Vogel, *der* dort flog
2.3	Wiederaufnahme durch Possessivpronomen	der Vogel – *sein* Nest
2.4	Verknüpfung durch andere Pronomen	Amsel, Drossel, Fink – *alle*
2.5	Verknüpfung durch Pronominalverbien	vor dem Brunnen – *davor* nach einer Stunde – *danach*
3.	Verknüpfung durch *Wechsel* zusammengehöriger Begriffe	der Knabe – der Junge der Knabe – der Sohn
4.	Verknüpfung durch *Konjunktionen* a) nebenordnend b) unterordnend	Sie flog hoch. ... *Doch* dann sank sie herab. Sie ruhten, *als* es regnete.

(nach: R. Meraner)

In einer didaktischen Reduktion werden in dieser Sequenz nur die Pronomen im Rahmen von *Nacherzählungen* thematisiert: Pronomen helfen mit, daß die Zuhörer einen Textablauf rezipieren können; sie orientieren über Zusammenhänge, die beim Nacherzählen erkannt sein müssen.
Der Gebrauch der Pronomen läßt sich beim nacherzählenden Schreiben sinnvoll üben.

Denn hier gibt es z. B. die *Fehlleistung,* daß der Nacherzählende sich nicht genug in die Situation seines Zuhörers/Lesers versetzt und z. B. Personen nicht erst einführt, ehe sie pronominal erwähnt werden. Oder es gibt die stilistische Fehlleistung, daß die Nomen nicht mit Pronomen abgewechselt werden.
Probleme bei der richtigen Flexion der Pronomen können auf der Grundlage schriftlicher Texte ebenfalls angegangen werden.

Die Nacherzählung wird als Aufsatzform weniger unter dem Leistungsaspekt der „Texttreue" als vielmehr unter dem der „Textaneignung" (Frommer) zu sehen sein. Sie ist noch ein Akt des Mit-Erzählens. Im Nacherzählen erfolgt eine *„Konkretisation"* des Textes: „Die Nacherzählung ... setzt ein mit dem Entwurf einer Vorstellung ‚An einem schönen Sommertag ...'. Dagegen fällt der *Inhaltsangabe* die Funktion einer ‚Schwelle zur Interpretation' zu. Sie beginnt mit einer Formel, die den Text zum ‚Gegenstand' macht (‚Die Erzählung handelt ...'), sozusagen gebrauchsfertig für den Diskurs. ... Erzählung und Nacherzählung erhellen sich dabei wechselseitig, ihr Vergleich bringt die Eigentümlichkeiten der Textvorlage ebenso in den Blick wie die Voraussetzungen des eigenen Verstehens." (Frommer 1984, S. 24f.) Also stehen weniger die Texttreue im Sinne einer 1:1-Abbildung noch die nachgeahmte ästhetische Gefälligkeit im Zentrum der Nacherzählung, vielmehr muß deutlich werden, ob eine Nacherzählung *den Sinn der Erzählvorlage trifft.* Dies ist im interpretierenden Rückgriff auf die gegebene Erzählung zu prüfen.
Der Vergleich verschiedener Nacherzählungen eines Textes bringt schließlich die Erkenntnis, daß verschiedene Leser/Hörer im Ausgangstext Unterschiedliches wichtig nehmen können, sich dennoch im Sinnbereich des Textes treffen müßten.
Das Nacherzählen von Bildgeschichten, die Fortsetzung begonnener Erzählungen o. ä. unterstützen die Arbeit an der Nacherzählung.

Für die Schüler sind die *Schreibbedingungen* zu klären: Soll oder kann – je nach Textvorlage – eher szenisch oder eher berichtend erzählt werden? Soll die Erzählsituation der Textvorlage (Ich-, Er-/Sie-Form oder Perspektive einer Textfigur) übernommen oder abgeändert werden? Was ist der Zweck der Nacherzählung, dient sie mehr der Selbstverständigung oder der Orientierung anderer oder der Unterhaltung? Ist ein aktueller Adressat für die Nacherzählung einzubeziehen? etc. All das hat Konsequenzen für die Schreibhinweise und die Beurteilungskriterien.

Als Schreibregel könnten die Schüler folgende Hinweise erhalten:

1. Die Textvorlage verstehen
- Genau lesen/zuhören,
- Erzählsituation klären: Wer erzählt: ein Ich, ein „Erzähler"?
- Ausgangssituation klären (W-Fragen).
- Reihenfolge der Erzählschritte feststellen: entscheidende Handlungen numerieren.
- Sinn der Geschichte überlegen (Ziel? Höhepunkt? Lösung? – Warum-Fragen!).

2. Selbständig nacherzählen
- Den Zuhörer einführen.
- Äußere Handlung („action“) und innere Handlung (Gefühle, Gedanken) unterscheiden.
- Reihenfolge der Erzählschritte und Höhepunkt einhalten.
- Zusammenhang zwischen den Teilen herstellen: keine Lücken für unkundige Zuhörer!
- An den wichtigen Stellen ausführlich sein.
- Anschaulich (z. B. Einzelheiten) und lebendig (z. B. wörtliche Rede) schreiben.
- Stimmung und Ton der Textvorlage treffen (spannend, lustig, furchterregend, lehrreich).
- Eigene Sprache verwenden, nicht die Sprache der Textvorlage übertrieben nachahmen.
- Tempus durchhalten (Präteritum oder Präsens); evtl. Tempuswechsel gezielt an spannenden Stellen.

3. Die Rolle der Pronomen beachten
- Ist dem Zuhörer/Leser klar, wer oder was mit einem Pronomen gemeint ist („sie ging, sein Rad, alles war verschwunden...“), oder müssen die Nomen noch zuvor genannt werden?
- Werden Nomen richtig durch Pronomen ersetzt oder noch unpassend häufig wiederholt (Der Vogel flog rasch in das Vogelnest → sein Nest.)?
- Sind die Demonstrativpronomen „diese, jene, solche, ...“ richtig eingesetzt?
- Stimmt die Rechtschreibung (ein paar, kein einziger, man, jedermann, sämtliche, irgendeiner, etwas Neues ...)
- Stimmt die Flexion (Er gab seine<u>m</u> Hund einen Wink.)?

Für die Gestaltung der Nacherzählungen sollte die *Textüberarbeitung* berücksichtigt werden (s. ESAU-Regel: Sequenz 1, S. 62).

Methodenhinweise

Wer ist es? – Pronomen als Stellvertreter

M 1: Bei diesen Rätselsätzen feststellen, daß die Wörter „er, sie“ Stellvertreter/Platzhalter für zu findende Nomen sind: „Pro-Nomen“. (Lösung: Graf Zeppelin / Stewardeß / Neil Armstrong und Edwin Aldrin, USA / Heißluftballon). Selbst ein Quiz zum Thema veranstalten. Andere Rätsel einbeziehen.
M 2 – M 3: Mit diesen Kontrasttexten wird das Thema Pronomen eröffnet. M 2 sollte zunächst nur vorgelesen werden, da dann der Rätseleffekt „Wer ist ‚er‘?“ erhalten bleibt. Die Schüler erschließen Eulenspiegel für „er“, Bürger für „sie“ (zweimal auch Arme für „sie“). Mit M 3 wird deutlich, daß die dauernde Nennung der Nomen ungewöhnlich ist. Die Schüler entwickeln aus M 2 und M 3 eine akzeptable Textfassung und

stellen dabei fest, daß nach erster Nennung eines Nomens die Ersetzung durch ein Pronomen möglich ist, daß allerdings das Nomen wiederaufzunehmen ist, wenn Mißverständnisse entstehen sollten. Sie lernen dies als Stilprinzip kennen. Die Kombination Nomen – Pronomen wird herausgestellt:

Tafelbild 1

Nomen	Pronomen
Eulenspiegel	er
die Bürger	sie
die Arme	sie

Tafelbild 2

Arten der Pronomen	
Eulenspiegel …	
er kam	Personal-
seine Taten	Possessiv-
gebärdete *sich*	Reflexiv-
das gab Aufsehen	Demonstrativ-
etwas Abenteuerliches	Indefinit-

Die Schüler unterscheiden Pronomen als

Stellvertreter — Eulenspiegel – er (└—> —>┘)

Begleiter — etwas Abenteuerliches. (└———┘)

Die Schüler suchen weitere Stellen im Text, schreiben Beispiele heraus und stellen den Unterschied ebenfalls grafisch dar.
Sie beobachten, daß die Pronomen flektiert werden:
z. B. er ← ihm zureden   sie ← ihnen etwas vorführen

Hier der Originaltext zur Kontrolle:

Der fliegende Eulenspiegel

Eulenspiegel hatte schon einen Namen von seinen vielen Streichen, und als er nach Magdeburg kam, redeten ihm angesehene Bürger zu, er möchte ihnen doch etwas Abenteuerliches vorführen. Da sagte er, das könnten sie von ihm haben: er wollte von der steinernen Laube am Rathaus, dem Vorbau im ersten Stock, herunterfliegen.
Das gab ein Aufsehen und wildes Gerenne! Der ganze Marktplatz war voller neugieriger Menschen, sie standen Kopf an Kopf, waren noch aus der ganzen Umgebung mit Wagen in die Stadt gefahren, und oben an der Brüstung der Laube stand Eulenspiegel und bewegte die Arme wie zwei Flügel und gebärdete sich, als ob er im nächsten Augenblick losfliegen wollte. Die unübersehbare Menge hielt schon den Atem an und war ganz hingerissen, als Eulenspiegel plötzlich die Arme sinken ließ und sprach: „Ich dachte, ich wäre der einzige Narr in der Welt – nun aber seh ich, daß hier eine ganze Stadt voller Narren ist. Wenn ihr mir allesamt gesagt hättet, ihr wolltet vor meinen Augen fliegen, so hätte ich es nicht geglaubt, aber mir glaubt ihr es, ihr Dummköpfe. Wie soll ich denn fliegen können, wenn ich ein Mensch bin wie ihr und keine Fittiche habe wie die Vögel?"
Damit lief er davon und ließ die Leute stehen. Die einen fluchten, die anderen lachten, aber schließlich sagten alle: „Er hat ganz recht gehabt."

Herbert Kranz

Der Schmetterling ..., er flog davon. – Pronomen als Verknüpfungselemente

M 4–M 6: M 6 ist noch zurückzuhalten! Nach dem Lesen von M 4 stellen die Schüler die Vertauschungen fest. Sie werden aufgefordert, die 6 Abschnitte und innerhalb der Abschnitte noch einzelne Sätze in die richtige Reihenfolge zu bringen. Neben dem Sinn der Handlungsfolge kann dabei die Beobachtung zum Wechsel Nomen – Pronomen helfen. Verbesserte Fassungen werden wieder er„probt".
M 5 macht nun die Verteilung von Nomen und Pronomen durch unterschiedliche Einrahmung und ihre Beziehung zueinander durch Pfeile deutlich.
Wie in M 5 können die Schüler die weitere Verteilung und Beziehung durch Einrahmung oder Unterstreichung sowie durch Pfeile herausstellen. So wird die „Textverflechtung" deutlich. Inhaltlich wird der Wechsel der Handlungsträger im grafischen Eindruck verstärkt. – Die Geschichten von Eulenspiegel und vom Schmetterling und der Seifenblase mündlich nacherzählen.

Nacherzählungen zu Dädalos und Ikaros – Handlungsträger (Nomen und Pronomen)

M 7–M 8: M 7 dient als Vorlage für eine schriftliche Nacherzählung. Es kann ausprobiert werden: Nacherzählen nur nach Hören oder mit der Textvorlage in der Hand. Die inhaltliche Besprechung (Problemebene: Neid – Rache – Schicksal – Schuld/Übermut – Strafe) stützt sich auf die Verstehensvarianten der Schülertexte. M 8 mit seinem Vater-Sohn-Konflikt wird inhaltlich kontrastiv zu M 7 behandelt.
Wiederaufnahme des Themas Pronomen: Für die Nacherzählung halten sich die Schüler an die Handlungen der Personen; sie verfolgen das Auftreten der Handlungsträger. Durch verschiedenfarbige Unterstreichung der Nomen/Pronomen/Wiederholungen/Wechselbegriffe, die zu einem der beiden Handlungsträger (Vater oder Sohn) gehören, kann eine unterschiedliche Verteilung in verschiedenen Abschnitten eines Textes deutlich werden (vgl. vorgegebene Unterstreichungen in M 8: Dädalus unterstrichen, Ikarus unterschlängelt, der zentrale Gegenstand unterpunktet).
Eine weitere Möglichkeit der Textverflechtung wird am vorletzten Satz von M 8 beobachtet: die Verknüpfung von Sätzen durch Pronominaladverbien. „Dabei" bezieht sich auf den gesamten vorhergehenden daß-Satz. Pronominaladverbien wie „danach, davor, dabei, hierauf, damit etc." können sich auf Nomen oder Sätze beziehen und sie ersetzen. Weitere Beispiele sind in den Schülertexten zu finden oder als Ersatz für die stereotype Verwendung von „dann" vorzuschlagen. (Exkurs: von den Pronominaladverbien wären die Adverbien „jetzt, dann, nun, bald" etc. zu unterscheiden.)

Fluggeschichten nacherzählen – Schreibregeln beachten

M 9–M 11: Die Texte dienen der Anwendung des schriftlichen Nacherzählens und dabei auch der bewußten Anwendung von Pronomen. Hierfür sollten zusammenfassend Schreibregeln entwickelt werden (s. S. 67f.).
M 9 kann mit M 2/3 kontrastiert werden: Narren, wer jeweils?
M 10 kann als optische Hilfe für eine Nacherzählung ohne Text in der Hand dienen. Hier werden auch Erzählschritte durch die Bilder sowie durch die Blickführung in den

Bildtexten angezeigt. Damit wird die Aufteilung einer Handlungsfolge als Hilfe für das Nacherzählen nahegelegt.
Die Schüler können in ähnlicher Form eine Stichwortliste zu Text M 11 anlegen, wenn ihnen dieser Text nur vorgelesen wird. Der Schwierigkeitsgrad von M 11 liegt in der stark verwendeten wörtlichen Rede, aus der die Handlung z. T. abgeleitet werden muß und die in der Nacherzählung reduziert wird.

Rätselgeschichten und Bildgeschichten – Wechsel von Pronomen und Nomen

M 12–M 15: Text, Bilder und Bildgeschichte regen zum eigenen Schreiben an; die entstandenen Texte können wieder von anderen nacherzählt werden. Es sollte hier vor allem noch einmal auf die erzähldramaturgische Funktion der Pronomen eingegangen werden: Spannung erzeugen.
M 12 nutzt diesen Rätseleffekt gezielt (vgl. M 1). Die Schüler haben eine Lösungshilfe in M 11, wo Leonardo da Vinci bereits erwähnt wurde. Die Schüler setzen an geeigneten Stellen den Namen ein statt der Pronomen. Sie erzählen die Geschichte von Leonardo nach. Sie schreiben selbst Rätseltexte über weitere Flugpioniere und literarische Flieger und wenden dabei Pronomen als Form der Verschlüsselung an: Münchhausen, Jules Verne, Wieland der Schmied, O. Lilienthal, Gebr. Montgolfier, Juri Gagarin, Gebr. Wright, Graf Zeppelin, Messerschmitt, Charles Lindberg, Wernher von Braun etc.
M 14/13 bauen sie zur klassischen bzw. modernen Münchhausengeschichte aus, schreiben sie aus der Erinnerung bzw. neu.
M 15 erzählen sie nach und nutzen wieder die Bildaufteilung für die Folge der Erzählschritte (vgl. M 10).

Mögliche Lernerfolgskontrollen

- in der pronominalen Ebene „verunstaltete“ Texte überarbeiten (vgl. M 2, 3)
- in vorgelegten Texten die Pronomen ermitteln, der Art nach unterscheiden und die Nomen-Pronomen-Bezüge markieren (vgl. M 4–6, M 8)
- Nacherzählungen anfertigen (M 7–12)
- Erzählungen nach Bildern/Bildgeschichten verfassen (M 13–15).

Varianten/Verzweigungen

- mit Erzählungen M 7, M 9 beginnen und das grammatische Phänomen (M 1–M 6) danach angehen
- mit Bildgeschichten beginnen
- ab M 7 die temporale Verknüpfung: als, nachdem, dann, danach ... und die logische Verknüpfung: doch, aber, also, damit, weil ... einbeziehen (s. Sequenz 3)
- das Relativpronomen mit dem Attributsatz zusammensehen (s. Sequenz 4).

Literaturhinweise

Grammatische Kohärenz/Pronomen:

Brinker, K.: Bedingungen der Textualität. DU 3/1988, S. 6ff.
Meraner, R.: Satzverknüpfung durch Pronomen. DU 6/1988, s. 69ff.
Busch, J.: Satzverknüpfung durch Konjunktionen. Ebd. S. 29ff.
Scherner, M.: Makrosyntax und Textinterpretation. DU 6/1970, S. 51ff.
Ders.: Theorie und Technik des Textverstehens. Düsseldorf: Schwann 1974.

Nacherzählung:

Döhmer, C. / Pessler, M.: Zum thematischen Interesse von Kindern an Geschichten. DU 4/1982, S. 35ff.
Frommer, H.: Warum nicht nacherzählen? DU 2/1984, S. 21ff.
Ders.: Lesen im Unterricht. Hannover: Schroedel 1988.
Bütow, W. u.a.: Methodik Deutschunterricht – Literatur. Berlin: Volk und Wissen 1979, S. 151.
Ders.: Methodik Deutschunterricht – Muttersprache. Ebd. Kap. 3.4.3.

Linguistische Operationen:

Boettcher, W. / Sitta, H.: Der andere Grammatikunterricht. München 1978, S. 325ff.
Augst, G.: Schreiben als Überarbeiten. DU 3/1988, S. 51ff.
Menzel, W.: Texte überarbeiten. PD Sonderheft 1979, S. 133f.

3. „Zeitsprünge“ (Jg. 5/6)

Sachthema: Überraschende Ereignisse
Textsorte: Bildgeschichten, Berichte, Erlebnisberichte
Grammatisches Thema: Tempus (Präteritum), Temporalsatz, Zeitliche Verknüpfung
Materialangebot: s. Materialienband S. 30–41

Sequenzgliederung/Materialübersicht/Intentionen

Zeitgefühl

M 1– 3: Die Schüler erfassen von Bildimpulsen und -kontrasten her unterschiedliche Zeiterfahrungen: Moment, Ewigkeit, Dauer, Zukunft, Geschwindigkeit . . .

M 4: In Sprichwörtern und Redewendungen zu „Zeit, Zukunft, Vergangenheit und Gegenwart“ wird die historisch-kollektive Sicht der Zeitphänomene deutlich. Die Schüler gehen assoziativ schreibend und wertend mit der Vorgabe um.

Zeitstufen – zeitliche Reihenfolge

M 5: In einer Asterix-Sequenz lassen sich die verschiedenen Zeitstufen vermischt beobachten und in eine chronologische Folge bringen.

M 6: Die Schüler berichten eine Abenteuerfolge nach einer Bildgeschichte und halten dabei die Chronologie ein. Sie reflektieren außerdem die verschiedenen Zeitstufen, indem sie an verschiedenen Stellen des Vorgangs einsetzen.

M 7– 9: Die Schüler bringen Vorgänge aus Zeitungsmeldungen in die chronologische Reihenfolge und berichten so. – Sie erproben demgegenüber den Wechsel der Zeitstufen und die veränderte Reihenfolge als Stilmittel.

Zeitliche Verknüpfung – Vorgangsbericht

M 10: Die Schüler beobachten an einem Text die grammatischen Mittel der temporalen Verknüpfung (Temporalsatz, -adverb, -adverbiale, -konjunktion). Sie schreiben eigene Berichte zur Anwendung der Mittel.

M 11/ 12: Die Schüler erhalten/entwickeln Form- und Gliederungskriterien für den Vorgangsbericht. Sie schreiben mit dieser Schreibhilfe einen Bericht zu zwei zusammengehörenden Bildszenen.

M 13/ 14: Die Schüler beobachten an einem vorgelegten Schülertext (zu den Bildszenen M 11), wie ein gleichaltriger Schüler die Aufgabe der zeitlichen Verknüpfung gelöst hat. Sie überschauen dazu die Übersicht der grammatischen Formen. Sie machen Verbesserungsvorschläge.

M 15: Die Schüler erarbeiten einen Vorgangsbericht zu zwei Bildszenen und üben dabei die Textgliederung. Sie vergleichen die unterschiedliche Wirkung der Tempusformen in beschreibenden Bild-Untertexten (im Präsens) und in ihren Berichten (im Präteritum: gesteuert durch eine Stichwortliste).

M 16/ 17: Die Schüler korrigieren und überarbeiten die Tempusformen und die Formen der zeitlichen Verknüpfung an einem Schülertext und schreiben selbst einen Bericht zu den zugehörigen zwei Bildszenen.

Didaktischer Kommentar

Von den Zeitstufen Gegenwart-Vergangenheit-Zukunft steht die *Vergangenheit* im Mittelpunkt der Sequenz. In der gewählten Textsorte *„Berichten"* geht es um Informationen über Vergangenes. Bei den Tempusformen geht es vor allem um *Präteritum* und *Plusquamperfekt.* Diese grammatischen Phänomene sind in der gewählten Textsorte natürlicherweise vorhanden: Das Präteritum konstituiert den Bericht. Die Stufen der Gegenwart und Zukunft sowie die Tempusformen Präsens, Perfekt und Futur werden durch Perspektiv-, Rollen- und Tempuswechsel zusätzlich zur Abgrenzung und als Stilmittel einbezogen.
Die „Zeitstufen" werden nicht nur durch die Tempusformen des Verbs angezeigt. Andere Mittel sind verfügbar: *Bald* ist die Flasche leer. *Jetzt* haben sie genug gegessen.

Die Tempusformen haben folgende *kommunikative Funktionen:*

Präsens – Vergegenwärtigungsfunktion
Präteritum – Erzähl-, Erinnerungs- und Distanzierungsfunktion
Perfekt – Urteilsfunktion, Naheholen in Dialogen
Plusquamperfekt – Raffunktion in abgeschlossenen Zusammenhängen
Futur (I) – Voraussage- und Vermutungsfunktion.

(W. Köller, 87)

Die Tempusformen werden wegen ihrer *stilistischen Funktionen* auch wechselnd eingesetzt:

Präsens drückt Gegenwart aus: *Jetzt springt sie hinab.*
Es wird als Spannungsmittel bei erlebnishafter Darstellung im Wechsel mit dem Präteritum eingesetzt. Präsens wird bei aktuellen, reportageartigen Berichten eingesetzt: *Er schlägt eine Flanke.*

Perfekt wird besonders beim mündlichen Bericht benutzt und stellt einen Bezug des Vergangenen zur gegenwärtigen Welt des Sprechers dar: *Klaus hat den Wärter gerufen.* Es kann im Hauptsatz fast immer für das Präteritum eingesetzt werden: *Der Arzt untersuchte Bernd. – Der Arzt hat Bernd untersucht.*

Für den schriftlichen Bericht ist zu klären, ob die Auflage sein soll: „Bericht im Präterium" oder „Bericht im Vergangenheitstempus und Durchhalten der gewählten Form (Präteritum oder Perfekt)". Wenn das berichtete Ereignis noch in aktueller Nähe zur Gegenwart des Sprechers steht, würde das Präteritum sehr distanziert wirken: *Ich fuhr um 9 Uhr ab . . .* Das Perfekt wäre hier die natürlichere Tempusform (s. Heringer, S. 49).

Im Formenbereich sind Präsens und Präteritum als einfache Tempusformen von den zusammengesetzten Formen (Futur, Perfekt, Plusquamperfekt) zu unterscheiden. Bei den zusammengesetzen Formen wären evtl. auch die Satzklammer und das Partizip (II) mitzubehandeln.

Als „Erinnerungstempus" macht das *Präteritum* die referierende Position des Sprechers gegenüber dem Sachverhalt deutlich, es schafft geradezu Distanz im Zeiterleben: Der Sprecher ist nicht (mehr) in die vermittelten Zusammenhänge verwickelt. Mit dem „Erzähltempus" wird zugleich eine chronologische Darstellungsweise nahegelegt.

Am Präteritum kann exemplarisch klar werden, daß es mit den Tempusformen im Deutschen nicht nur um die Vermittlung verschiedener Zeitstufen geht, sondern vor allem um bestimmte Perspektiven des Sprechers, um die Mitvermittlung seiner Bezüge zu den zeitlich eingeordneten Inhalten.

Es sind „die einzelnen Tempusformen als Mittel zu betrachten, bestimmte Erfahrungs- und Darstellungsstile zu konkretisieren". (W. Köller, 51). Diese Überlegung kann so weit gehen, daß die Verwendung einer Tempusform für andere Zeitstufen an Beispielen mit überlegt wird: z. B. Präsens im präteritalen Bericht zur Spannungssteigerung, Präsens für die Zukunft (Morgen fahre ich weiter.), Futur in modaler Verwendung (Das wird schon klappen.).

Die Verwendung des Perfekts kann vor allem durch Unterscheidung des mündlichen Berichtens vom schriftlichen einbezogen werden.

Das Plusquamperfekt ist als fehleranfällige Form zu beachten: Ich sah einen Hund da liegen, den ein Auto <u>anfuhr</u>. Nachdem er <u>davonfuhr</u>, trat Stille ein.

Der *Temporalsatz* (Konjunktionalsatz, Adverbialsatz) wird als ein wichtiges Verfahren zur *Herstellung zeitlicher Bezüge* zwischen verschiedenen Vorgängen behandelt. Die grammatischen Phänomene des Gliedsatzes (Konjunktion, finites Verb in Endstellung) wären mitzubehandeln / zu wiederholen.

Die kategoriale Unterscheidung *zeitlicher Relationen* nach Vorzeitigkeit-Gleichzeitigkeit-Nachzeitigkeit muß nicht unbedingt in das Programm eingebaut werden, da die Schüler über die Konjunktionen in der Regel die zeitlichen Relationen auf der semantischen Ebene richtig lösen. Wird darauf eingegangen, so ist als Bezugspunkt zum einen die Sprechergegenwart anzusetzen (s. M 5):

________ ↓	Cäsar erklärte seinen Plan, ↓	________ ↓
nachdem er das Modell hatte aufstellen lassen	als alle Vertrauten versammelt waren	ehe er mit der Faust auf den Tisch schlug.

Zum anderen stehen zwei Aussagen auch untereinander in zeitlicher Relation: z. B. Vorzeitigkeit

- bei Präsens das Perfekt: Sobald ich gegessen habe, komme ich.
- bei Präteritum das Plusquamperfekt: Als er gegessen hatte, ging er.

Am Anfang der Sequenz soll vor der Arbeit mit dem Zeitstufenkonzept auf das „Zeiterlebniskonzept" eingegangen werden. Die Schüler setzen sich mit ihrem Begriff von „Zeit" auseinander, um das Ordnungsgefüge der Zeitstufen als nur eine der denkbaren Formen zu sehen.

Der *„Bericht"* wird nicht mit strengem Textsortenbegriff von der Erzählung abgegrenzt, auch wenn unterscheidende Merkmale nahegelegt werden. Denn weniger von der Textsorte her als vielmehr von den Adressaten her entscheidet sich, ob derselbe Vorfall mehr unterhaltend-erzählend oder informierend-berichtend, also mehr mit Spannungseffekten oder mehr mit Sachlichkeit dargestellt wird. So kommen die „sachlichen Berichte" fast nur noch in Form von Unfallberichten, Zeitungsberichten oder beruflich bedingten Berichten vor. In der allgemeinen Sprachverwendung hat der Bericht immer schon eine Nähe zum Erzählen.
Inhaltlich werden für diese Jahrgangsstufe spannende, abenteuerliche oder kuriose Vorfälle zugrundegelegt, die vor allem durch *Bildgeschichten* oder Bildpaare präsentiert werden. Das hat den Vorteil, daß gemeinsam an einem Vorgang gearbeitet werden kann, der mit der Bilderfolge vorgestellt wird.

Methodenhinweise

Zeitgefühl

M 1–M 3: Hier soll das *Zeiterleben* mit den Schülern thematisiert werden, damit zunächst ein weiter Begriff von Zeit gesehen wird. Die Schüler schreiben ihre Einfälle und Gedanken zu den Bildern assoziativ nieder: „Wie erlebt man die Zeit in den durch die Bilder dargestellten Situationen?"
M 1: Der konzentrierte Augenblick, die Geschwindigkeit, die kurze, gestoppte Zeit, die Hundertstelsekunde ...
M 2: Ewigkeit (Gebirge fremder Planeten) und Zukunft (Menschen – dort leben?) – nur Vermutungen über Zukünftiges – Anlaß für einen Science fiction-Text „Volksreisen zum Planeten Luna III" o. ä.
M 3: Die drei Uhren machen verschiedene Zeiterfahrungen im Alltag deutlich: die Digitaluhr = der Zeitpunkt, man muß selbst die Bezüge zum Vorher – Nachher herstellen; die Analoguhr = überschaubare Zeiträume auf dem Zifferblatt, Möglichkeit der Einordnung eines Zeitpunktes in den Tagesablauf; die Analoguhr ohne Ziffern = vorausgesetzte Zeiterfahrung mit dem Zifferblatt, ggf. ist die präzise Zeitangabe nicht so im Vordergrund, oder man hat „die Uhr im Kopf".
M 4: Sprachliche Niederschläge von Zeiterfahrungen in Redensarten, bildlichen Ausdrücken, Sprichwörtern etc. Ggf. die Satzgruppen ohne die Zwischenüberschriften geben, auch nur in Auswahl; die Schüler erläutern, wie sie die Sätze verstehen; sie erfinden/erinnern Situationen zu einem Satz und schreiben sie auf; sie erörtern, ob ein Sprichwort zutrifft: z. B.: Heilt die Zeit wirklich alle Wunden?

Zeitstufen – zeitliche Reihenfolge

M 5 – M 9: Mit diesem Material sind die *Zeitstufen* und *Tempusformen* induktiv einzuführen.
M 5: Frage nach den zeitlichen Verhältnissen im Asterix, die Schüler haben aus dem Comic „Vorwissen" über Cäsars Epoche: Gaius Julius Caesar, *13. 7. 100 v. Chr.

† 15. 3. 44 v. Chr. Rom; 58–52 Gallische Kriege. Einzelne können davon erzählen, eine zeitliche Angabe kann erfolgen – dann die in M 5 vorliegenden inneren Zeitebenen: Cäsars Einleitungssatz im Futur für die unmittelbar kommende Darstellung / Jetzt der Kontext, der in eine chronologische Folge z. B. mit Hilfe eines Zeitstrahls gebracht werden soll: Cäsars Bericht im Präteritum – Vercingetorix' und der Gallier Handlung sowie sein eigener Sieg über die Gallier in der Stufe der Vergangenheit (legte), Rückgriff im Plusquamperfekt (geschlagen war), Präsens für die Situation in einem kleinen Dorf in der Gegenwart (wagt es immer noch), Präsens aktuell zu den Galliern (sie meinen), Futur für Cäsars Plan (werde zwingen) etc.:

Cäsars Ankündigung am Anfang →

sein Bericht:		seine Erläuterung:	sein Plan:
geschlagen war besetzt hatte ...	legte wagte ...	wagt noch meinen ...	werde sie zwingen dann ist (!) ihr Dorf
Vorvergangenheit	Vergangenheit	Gegenwart	Zukunft (Zeitstrahl) →

Zum Unterschied berichten die Schüler die Auseinandersetzung zwischen den Römern und den Galliern vom Anfang des Zeitstrahls bis zu seinem Ende in der „historischen" Reihenfolge (Vercingetorix erhob sich gegen Cäsar ... Das Dorf wurde ein unbedeutender Vorort.)
M 6: Hier ein engerer Zeitabschnitt, dafür aber stärker die zeitliche Abfolge, dargestellt als Abfolge von Abenteuern. Das Problem des Kontinuums wird an Bildgeschichten ganz typisch deutlich: Zwischen einzelnen Bildern sind die Übergänge von den Schülern selbständig herzustellen. Die Schüler setzen die Geschichte in einen Bericht um: Der Page berichtet nach der Rückkehr seinem Herrn – Der Page berichtet nach den Abenteuern seinen Freunden – Die Dame erzählt ihren Zofen (Perspektivwechsel: hier entfallen Teile des Ablaufs!) – Zusatzaufgabe: Schreibt den Brief, der die Ohrfeige auslöste.
Die Schüler beobachten erneut die verschiedenen Zeitstufen, indem sie an verschiedenen Stellen der Gesamthandlung einsetzen: z. B. in Bild 6 (Der Page stand völlig erschöpft am Baum, nachdem er mit den Rittern gekämpft hatte. Wenn er neue Kraft hat, wird er den Brief bei der Gräfin abgeben ... Im perspektivischen Rückblick und Vorgriff kommen Vorvergangenheit und Zukunft ins Spiel.)
Im Vergleich zwischen M 5 und M 6 unterscheiden die Schüler die zeitliche Perspektive und den zeitlichen Ablauf. Sie halten ggf. schon sprachliche Signale für „Zeit" fest (Temporaladverbien, Tempusformen der Verben ...).
M 7–M 9: In den Texten lassen sich die verschiedenen Zeitstufen ermitteln – die Handlungen lassen sich auf einem Zeitstrahl gliedern – die Eingriffe in die zeitliche Folge durch Sprecher lassen sich an M 7 gut beobachten. Texte zu M 7–9: Zeitungsberichte in Rollentexte umschreiben, d. h. Berichte über die Vorfälle aus der Perspektive von beteiligten Personen.

M 8 zeigt den Zusammenhang von zeitlicher Folge und der logischen Folge „Ursache-Wirkung“ mit verschiedenen Steigerungen. Text umschreiben in einem Ich-Bericht, Zeichnen einer zu M 8 passenden Bildgeschichte (Comic).
Zur Systematisierung der Beobachtungen kann die *zeitliche Verknüpfung* durch Temporalsätze thematisiert werden: ggf. Tafelbild (s. o. S. 75). Beispiele aus den vorgelegten Texten und den eigenen Berichten entnehmen, selbst Beispiele bilden. Übungen zu den Tempusformen und den Temporalsätzen können sich anschließen. Evtl. ist ein Exkurs zur Form des Gliedsatzes einzuschieben. Präteritum und Plusquamperfekt lassen sich mit dem vorgelegten Material (schriftliche Berichte) üben; Perfekt durch veränderte Sprechsituationen (mündliche Darstellung eines Vorfalls).

Zeitliche Verknüpfung – Vorgangsbericht

M 10: Spätestens an diesem Text kann der Einsatz von Temporalsätzen, Temporaladverbialen und -adverbien induktiv angegangen werden und mit M 13 sowie der Übersicht dort abgeschlossen werden. Analyseaufgabe also: Welche sprachlichen Signale enthält der Text, so daß man die Zeitstufen und die zeitliche Reihenfolge versteht?
Neu einzubeziehen ist der bewußte *Tempuswechsel* beim Erzählen/Berichten (generelle Aussage in der Einleitung: Präsens; Perfekt „habe ich gemerkt“ zeigt den aktuellen Bezug des Sprechers zu dem Vergangenen; Präteritum dann in dem chronologischen Bericht; Perfekt und Futur in der wörtlichen Rede; Präsens im letzten Teil zeigt die aktuelle Sprecherebene an).
Ab M 10 soll ansonsten die Textsorte Bericht genauer reflektiert werden. Es sollen verstärkt z. B. nach den Themenanregungen eigene Berichte geschrieben werden, aus denen dann die Schreibhinweise allmählich abgeleitet werden können. Mögliche Themenstellungen wären: „Unerwartete Begegnung“ – „Schreck in der Jugendherberge“ – „Als ich mal alleine war“ – „Es brannte“ – „Ein Unwetter“ – „Das hatte ich vergessen“ – „Da wurde aus Spaß Ernst“ – „Ein Streit“ – „Verirrt!“ – „Noch einmal Glück gehabt“ – „Da half nur noch ein Sprung“ – „Auf frischer Tat ertappt“ – „Prima, du bist ein/e Freund/in!“ – „Das war wirklich Pech“ – „Zwar war es nur ein Tier ...“ – „Endlich gefunden“ – „Probleme mit der Technik“ – „Unterwegs“ – „Hilfe!“ – „Es war auf der Kirmes ...“ (vgl. M 12). Die Schüler lernen Text für Text jeweils weitere Textsortenkriterien anwenden und auch die Tempusformen und Formen der zeitlichen Verknüpfung in ihren Texten einsetzen. Beide Ebenen wären also bei der Besprechung von Schülertexten zu beobachten und auszuwerten: a) Textsortenkriterien – b) Tempusformen und zeitliche Verknüpfung.
M 11–M 17: Mit den Bildpaaren M 11, M 15 und M 16 lassen sich gut Berichte über Vorfälle stimulieren und gezielt Tempusformen und Zeitperspektiven variieren.
Die Schüler können die Abläufe als Berichte linear darstellen. Dabei müssen sie die Lücken im Kontinuum nach eigenen Vorstellungen ergänzen: bes. die Entstehung und die Lösung der Situationen, denn die Bildpaare enden offen. Die Entstehung und die Lösung können jeweils im Unterrichtsgespräch, in Partner- oder Gruppenarbeit vorbesprochen oder in Einzelarbeit geklärt werden.
Die Schüler können die Berichte aus verschiedenen Perspektiven von beteiligten Personen darstellen (Rollentexte).

Die Schüler können nicht-linear aus einer bestimmten Zeitperspektive darstellen: Im Mittelpunkt eines Berichts steht z.B. die Rettung des gefährdeten Jungen (Bild M 11b), die Vorgeschichte (M 11a) wird nur im Plusquamperfekt einbezogen.
M 15: Der Bericht „Der kinderfreundliche Bauarbeiter" erfolgt nur über M 15b, die Vorgeschichte wird gerafft einbezogen.
Die Schüler können die Fortsetzung des offenen Endes der Bildpaare zur Übung im Futur ausführen: Wie wird es weitergehen?
M 17: Die Schüler erörtern und überarbeiten den Schülertext modellhaft gemeinsam. Sie überarbeiten analog in Partnerarbeit eigene Texte.

Mögliche Lernerfolgskontrollen

- Erkennen von Tempusformen an vorgelegten Berichtstexten
- Erkennen der zeitlichen Perspektiven durch Eintragung in eine Zeitstrahl-Grafik o. ä. (s. o. S. 77) für einen anderen Vorfall
- Gebrauch der Tempusstufen in eigenen Berichten, ggf. mit Kontrolle der sachgemäßen Anwendung von Vorgängen der Textüberarbeitung (Esau-Regel)
- Schreiben von Berichten nach einem der vorgelegten Schreibimpulse, ggf. unter Vorgabe von Adressaten, evtl. mit Anwendung der Schreibregeln (s. M 11 – M 14)

Varianten/Verzweigungen

- mit M 6 oder M 11, d.h. sofort mit eigener Textproduktion beginnen und so eigenes Sprachmaterial für die grammatische Reflexion zum Ausgangspunkt gewinnen (Beispiele wären dann zu vervielfältigen!)
- M 1 – M 4 als Vertiefung anhängen
- Bezug zu den Sequenzen Nr. 1 (Erlebniserzählung) und Nr. 5 (Gliedsätze)

Literaturhinweise

Köller, W.: Funktionaler Grammatikunterricht. Hannover: Schroedel (2) 1986, Kap. C.
Benkel, M. u.a.: Die Vergangenheitstempora des Deutschen. PD 6/1974, S. 56ff.
Wunderlich, D.: Tempus und Zeitreferenz im Deutschen. München 1970.
Ders.: Grammatisches Grundwissen. Frankfurt: Hirschgraben 1988.
Heringer, H. J.: Grammatik und Stil. Frankfurt: Cornelsen-Hirschgraben 1989.
Sowinski, B.: Deutsche Stilistik. Frankfurt: Fischer 1982, S. 169ff.

4. „Gesucht wird ...“ (Jg. 5/6)

Sachthema: Kriminalfälle
Textsorte: Beschreibungen, Fortsetzung von Geschichten, Kriminalgeschichten
Grammatisches Thema: Attribute
Materialangebot: s. Materialienband S. 42–52

Sequenzgliederung/Materialübersicht/Intentionen

Genauer bitte! – Beschreibungen – Funktion der Attribute

M 1: An einer unpräzisen Suchmeldung in der Zeitung sollen die Schüler die Notwendigkeit von Attributen erkennen. Ohne Attribuierung mißlingt der Appell.

M 2: Die Schüler vergleichen die Meldung in dem Erzähltext „Ein Bär wächst bis zum Dach“ mit M 1 und erkennen, daß zwei Attribute im zugrundeliegenden Fall besonders wichtig sind.

M 3: Die Schüler untersuchen und erörtern die Präzision von Steckbriefen.

M 4: Die Schüler verfassen Steckbriefe zu vorgelegten Personenporträts.

Das Stahlgitter – Die Attribuierung und Arten der Attribute

M 5: Die Schüler machen sich ein Bild von der Anfangssituation eines Krimis und erkennen, daß die Darstellung durch Attribute mehr Wirklichkeit einfängt. Sie untersuchen den Vorgang der Attribuierung an Textstellen.

M 6: Die Schüler machen Aussagen zur Situation in einem Bild und präzisieren sie durch Attribuierung.

M 7: Die Schüler lösen einen Rätsel-Kurzkrimi und beobachten die Varianten der Attribuierung.

M 8: Die Schüler unterscheiden die referentielle und die wertende Funktion von Attributen an einem Jugendbuchtext (ggf. Abgrenzung der Attribute von Adverbialen).

Als Inspektor oder Detektiv – Beschreiben / Krimis schreiben

M 9/10: Die Schüler lösen als Inspektor Sniff Bilder-Krimis und machen sich dabei im Rollenspiel präzise Notizen aufgrund genauer Beobachtungen am Bild.

M 11– 14: Die Schüler greifen in Auswahl Exposés von Krimis auf und schreiben selbst die daraus ableitbaren Geschichten, Szenen oder Dialoge. Sie stützen sich dabei auf die (auch durch Attribute) anschaulichen Angaben im Text und bauen diese aus. Dabei wenden sie selbst die Attribuierung an.

M 15: Die Schüler können aus einer Anzahl von Personen um Nick Knatterton (Bilder mit kurzen Rollenhinweisen) eine Figurenkonstellation entwickeln und danach einen eigenen Krimi oder ein Krimiexposé verfassen. Dabei können die verschiedenen Arten der Attribute an den Rollenkarten zusammenfassend wiederholt werden.

Didaktischer Kommentar

Mit dem Attribut wird ein *Teil eines Satzglieds* – in der Regel einer mehrteiligen Nominalgruppe – thematisiert:
Das alte Haus des Gärtners wurde abgerissen.
In der Umstellprobe erweist sich, daß das Attribut zum Nomen gehört und nicht selbständig umgestellt werden kann; es wird zusammen mit dem Nomen umgestellt:
Abgerissen wurde das alte Haus des Gärtners. Wurde das alte Haus des Gärtners abgerissen? etc.
„Das Attribut ist grundsätzlich eine potentielle Prädikation ... zu einem Wort, das nicht Verb ist.“ (Helbig/Buscha, 585) Die Schüler erkennen, daß solche *Prädikationen* (Einzelsaussagen über ...) in Attribute umgewandelt werden können und umgekehrt:
Das Haus wird abgerissen. + Das Haus ist alt. + Das Haus gehört dem Gärtner. → Das alte Haus des Gärtners wird abgerissen.

In der Sequenz soll aus der Fülle der Attribute (Attribute zu Nomen, Pronomen, Adjektiven oder Adverbien) exemplarisch eine *Reduktion auf Attribute zu Nomen* erfolgen.
Als adnominale Attribute können auftreten:

Arten der Attribute:	Beispiel:
Adjektivattribut	Der *dicke* Hund frißt zuviel.
Adjektivattribut (aus Partizipien)	Der *hungernde* Hund frißt das *vertrocknete* Brot.
Genitivattribut	Der Hund *des Kindes* rennt davon.
Präpositionalattribut	Das Fleisch *auf dem Teller* ist für den Hund.
attributiver Relativsatz	Das Fleisch, *das auf dem Teller liegt,* ist frisch.
Apposition	Der Hund, *ein Dackel,* frißt gierig.
Pronomen	*Sein* Hund knabbert *allerlei* Knochen.
Nomen im gleichen Fall	Karl *der Große*.
Adverbien, Gradwörter	*sehr* hungrige Hunde; der Knochen *vorn* ist spitz.
Numerale	*Zwei* Hunde sind die Übeltäter.
Infinitiv	Der Wunsch *zu reisen* ist bei vielen vorhanden.

Aus der Fülle der Arten soll in der Sequenz eine *weitere Reduktion* auf die oben eingerahmten Arten erfolgen.
In der Flexion liegt eine typische *Fehlerquelle* beim Gebrauch der Attribute: Mit Ingo, meine*m* Freund, gehe ich ins Kino. – zu einem überwiegende*n* Teil ... – Das Kleid war aus weiche*m* Stoff gemacht.
Vom funktionalen Ansatz her hat die Arbeit an den Attributen die Ziele:
Die Schüler lernen als *kommunikative Funktionen* des Attributs kennen:

- die referentielle Funktion: Durch Attribute werden Nomen mit weiteren Wirklichkeitsbezügen versehen, in weitere sachliche Zusammenhänge gestellt, in ihrer Realität differenziert etc.; *ein Gärtner von 55 Jahren;*

- die wertende Funktion: Durch Attribute kommt die Position des Sprechers zu dem mit dem Nomen bezeichneten Sachverhalt zum Ausdruck; *ein fleißiger Gärtner – ein Gärtner mit Geschmack.*

Die Schüler lernen die *stilistische Funktion* des Attributs kennen:
- die semantisch präzisierende Funktion: Durch Attribute wird eine Darstellung genauer: *das alte Haus mit dem grünen Portal;*
- die syntaktisch variierende Funktion: Durch Attribute können selbständige Prädikationen, Gliedsätze etc., die etwas über ein Nomen aussagen, in die Nominalgruppe selbst eingebettet werden. Dabei ist darauf zu achten, daß die Nominalgruppe nicht durch zuviele Attribute, vor allem im Vorfeld des Nomens, überlastet wird. In diesem Fall wäre die Einbettung aufzuheben.
  Der seit über 500 Jahren zur Burg gehörende, zuletzt 1950 renovierte Schuppen wurde jetzt abgerissen. → Seit über 500 Jahren gehörte ein Schuppen zur Burg. 1950 war er zuletzt renoviert worden. Er wurde jetzt abgerissen.

Die Sequenz zielt vorrangig auf die *syntaktische Funktion* der Attribute im Innenausbau des Satzes und auf die *semantische Funktion* bei der Präzisierung von Nomen.
Mit der *Umformungsprobe* erproben die Schüler beim *Schreiben,* welche Variante passend ist. Mit der *Ergänzungsprobe* läßt sich üben, wie Personen oder Dinge (Nomen) durch Attribute näher gekennzeichnet werden können. Mit der *Weglaßprobe* läßt sich erarbeiten, welche in Attributen vermittelten Informationen redundant sind.
Ein Stilproblem liegt darin, daß zu stark aufgeladene Attribute die Beziehungen der Satzglieder untereinander unüberschaubar machen: *Der Rechtsaußen schoß das für seine weitere Karriere als Profifußballer entscheidende Tor in der 84. Minute.*
Hier wäre der Inhalt auf mehrere Sätze zu verteilen (s. o. selbständige Prädikation): *Der Rechtsaußen schoß das Tor in der 84. Minute. Es war für seine Karriere als Profifußballer entscheidend.*
Geeignete *Textsorten* zur Beobachtung der Attribute sind z. B. die *Beschreibung* von Personen, Orten, Gegenständen, Situationen etc. Ein situativer Zusammenhang wäre etwa die Vorstellung von Personen für andere (z. B. bei Wahlakten) oder die Kennzeichnung von Personen in Erzählungen.
Im Bereich fiktionaler Texte ist eine Häufung von Attributen in *Kriminalgeschichten* zu registrieren: Personen (Täter, Opfer, Zeugen etc.), Orte (Tatorte etc.), und Dinge (Tatinstrument etc.) werden so näher bezeichnet. Diese Textsorte kann die Schüler im 5./6. Jahrgang motivieren.

Methodenhinweise

Genauer bitte! – Beschreibungen – Funktion der Attribute

M 1–M 4: Die Schüler werden unmittelbar in die Themen „Kriminalfälle“ und „Attribute“ eingeführt. Sie beobachten, daß bei Recherchen und Suchmeldungen genaue Angaben wichtig sind und daß man Personen, Gegenstände und Orte durch Attribute präziser darstellen kann.

M 1: Die Schüler merken beim Lesen die Lücken und erörtern die Unzulänglichkeit der Zeitungsmeldung. Sie können mit den W-Fragen feststellen, welche Informationen fehlen oder welche da sind, aber ungenau sind. Ggf. liest der Lehrer M 1 vor, ohne daß die Schüler schon M 2 und damit die bessere Fassung sehen.
M 2: Die *„Anhaltspunkte“* spielen eine entscheidende Rolle für die Mithilfe der Bevölkerung. So wird auf der Inhaltsebene bereits das grammatische Phänomen (Attribute = genauere Anhaltspunkte) angepeilt. Es kann aber auch schon explizit behandelt werden.
M 2 bietet sich für eine Fortsetzung an. (Der vollständige Text findet sich in verschiedenen Lesebüchern, z. B. Wort und Sinn 5). Es läßt sich auch eine Spielszene zu diesem Textanfang einrichten: Vernehmung Kommissar – Wärter / Information eines Reporters durch den Kommissar / Redaktionsgespräch etc. Dabei können Rollenspielkarten für die einzelnen Figuren geschrieben werden, auf denen genauere Angaben zu den Rollenträgern sowie ihre Aufgabe im Spiel aufgeführt werden. Die Fortsetzung kann auch als Rollenspiel erfolgen: z. B. in der Ebene der drei Jungen; die Rollenspielkarten würden nun „Steckbriefen“ (s. u.) ähneln.
M 3/4: Inhaltliches Thema: „Gesucht wird ...“ Mit diesem Material läßt sich das grammatische Phänomen erneut/explizit thematisieren. M 3 ist für die analytische Arbeit, M 4 für die produktive. In den Steckbriefen (M 3) beobachten die Schüler die Funktion der Attribute. In einem Tafelbild wird der Bezug markiert:

ein	alter	Mann	Das Attribut steht bei dem Nomen und kennzeichnet es genauer.
	graue	Augen	
ein	stämmiger	Kerl	
Adjektiv Attribut →		Nomen	

Auch die Umstellprobe kann schon an der Tafel festgehalten werden. (vgl. M 5)

M 4: Die Schüler können sich ein Merkmalraster für die Beschreibung von Personen anlegen:

Merkmal	Person A	Person B	Person C
Körperbau	klein		
Kopfform		oval (1)	
Haare	schwarz mit Strähnchen		wellig
Augen	braune Augen, die freundlich wirken		
Kleidung	schmutzig		
Verhalten		unverschämt (2)	
...			

Die Schüler können solch einen Katalog für die Personen in M 4 anwenden und zu ihnen Steckbriefe schreiben (stichwortartig oder als ausgeführte Personenbeschreibung). An den Eintragungen läßt sich in der Regel die Unterscheidung von eher beschreibenden (1) und eher wertenden (2) Attributen durchführen.
Spiele:
a) Die Schüler können mit solch einem *Merkmalskatalog* auch ein Personenratespiel in der Klasse machen. Sie nutzen den Katalog, um daraus Steckbriefe zu Mitschülern anzufertigen.
b) Nach dem Muster von M 3 können sie Steckbriefe zu Personen aus allgemein bekannten Büchern/Filmen entwickeln und die Mitschüler raten lassen, um wen es sich handelt.

Das Stahlgitter – Die Attribuierung und Arten der Attribute

M 5–M 8: Diese Materialien dienen der genaueren Reflexion darüber, was bei der Attribuierung eigentlich sprachlich und inhaltlich geschieht, sowie der Übung.
M 5: Zunächst sollte durch Umstellproben der Satzteilcharakter (nicht Satzglied!) der Attribute ermittelt werden: Am Beispiel „ein schwarzer Peugeot 504", „die vier Etagen zur Wohnung im Nebenhaus", „ihre gekreuzten Arme" oder „zu dem Zimmer, das er mit Bob teilte" etc.
Dann sollte der Vorgang der Attribuierung untersucht werden: Am Kontrast „auf dem Heimweg *von der Schule*" – „ist ihr Vater *von dem Entführer* angerufen worden" kann man beobachten, daß einmal ein Nomen erläutert wird, zum andern eine Handlung. Die Definition (Attribut beim Nomen) wird wiederholt.
Die Schüler lassen nun an den Beispielstellen einmal die Attribute weg und stellen fest, daß dies den sachlichen Informationsgehalt mindert: „Ein Peugeot parkte der Apotheke gegenüber." – „Ein *schwarzer* Peugeot 504 parkte der Apotheke gegenüber." etc. Sie erarbeiten den Vorgang der Prädizierung: s. Beispiel „Stahlgitter" und vollziehen die Auflösung in Einzelaussagen an anderen Beispielen.
Die Schüler stellen eine Überlegung zum Ausgang des Textes und zum Krimitypus (-klischee) „Entführung" an. In Fortführung des Textes schreiben sie einen möglichst präzisen Text, in dem der Vater, Louis Fellemin, endlich doch die Polizei verständigt (s. Schlußsätze).
M 6: Die Schüler geben eine möglichst genaue Beschreibung der Situation. Dabei werden Formulierungsvarianten geprüft (Einbettung von Attributen oder selbständige Prädizierung?).
M 7: Die Schüler lösen den Rätsel-Kurzkrimi: sie notieren auffällige Indizien und schreiben dann die Lösung auf. (*Lösung:* Der Täter heißt Miller. Wie konnte er Spencer kennen, der doch vorher nie im 14. Stock gewesen war? Spencer trug keine Uniform, und sein Hut verbarg den einzigen Hinweis auf die Tat.)
M 8: Zunächst an den ersten beiden Abschnitten verschiedene Arten der Attribute ermitteln und in eine Übersicht einordnen (s. o. S. 81): „Wehmütige Mütter ungeratener Söhne", „einen braven jungen Mann", „seine blöde Bastelei", „in seinem scharfen, selbstgebauten Flitzer", „naheliegende Dauerwellen", „Die Jungen und jungen Män-

ner“, „kein kaputtes Auto oder Motorrad, das er nicht reparieren konnte“, „seine hervorragenden Kenntnisse“, „Liebe zur Sache“, „ein technisches Naturtalent“, „bei laufendem Motor“.
Die grammatische Bestimmung der Arten von Attributen und die Unterscheidung der referentiellen sowie der wertenden Funktion können analysierend geübt werden: verschiedenfarbige Unterstreichungen am Text, Einsortieren gleicher Beispiele in eine Übersicht (die der Lehrer evtl. vorgibt s. S. 81).
Zur Anwendung evtl.: Beschreibung der Figur Gerd Grubers und seiner Story in einem Text, der als Zeitungstext am Ende der Geschichte folgen könnte.

Als Inspektor oder Detektiv – Beschreiben / Krimis schreiben

M 9–M 15: Diese Materialien dienen vor allem der Fortsetzung der Textproduktion „Kriminalgeschichte“ und „Beschreibung“. Dabei kommen immanent die Kenntnisse zu den Attributen zur Anwendung. Explizit sollte man die Nutzung der Attribute und das Gelingen der Einbettung bei der Besprechung der Schülertexte und bei Überarbeitung der Texte wiederholen/üben.
M 9/10: Die Schüler werden in zwei „Fällen“ kombinierend als Inspektor tätig. Sie versuchen zunächst, die Fälle zu lösen.
Lösung M 9: Zu beachten ist, daß der Dieb weder gezögert noch gesucht hat. Er ging sofort zum Schreibtisch. Er kannte sich also gut aus. Ein Vagabund hätte zuerst alle Zimmer durchsucht, während der Dieb den ganzen Gang entlangging, ohne irgendein Zimmer zu betreten. Diese Feststellung wirft den Verdacht auf einen Vertrauten, also den Diener.
Lösung M 10: Die Weinflasche des Anglers ist noch ganz voll. Und sein Glas ist ebenfalls fast voll Rotwein. Dieses Glas mußte also offensichtlich nicht aus seiner Flasche gefüllt worden sein, sondern aus einer anderen. Sniff wird sich also bemühen, eine andere Person zu finden, die mit dem Opfer Wein getrunken hat.
Die Schüler können Detektivteams zur Lösung bilden. Die Texte neben den Bildern können als Zwischenberichte von Inspektor Sniffs Assistent Humbler gelesen werden. Dabei ist zur besseren Aufnahme der Hinweise ein vorläufiger Blick auf die Genauigkeit der Angaben hilfreich, und so kommen indirekt auch Attribute ins Spiel: Gold von Herrn Gaminos, Weg des Diebes etc.
M 11 – M 15: Anregungen/Ansätze/Erzählkerne/Exposés zum Schreiben von eigenen Krimis – Beschreibungen eingeschlossen –:
M 11, M 13, M 14: Textfortsetzungen.
M 12: Sammeln von Programmhinweisen zu Krimis wie in M 12 und Ausführung des kurzen Hinweises in einem ausführlicheren Exposé für einen Krimi (wie in M 14).
M 15: Auswahl von Figuren aus „Nick Knatterton“ und Produktion einer Kriminalgeschichte: Schauplätze und Plot (s. Exposé, M 14) vorher skizzieren.

Mögliche Lernerfolgskontrollen

- Ermitteln von Attributen aus den Texten (auch aus den Materialien)
- Umstellproben zu Sätzen mit Attributen
- Überarbeitung mißlungener Attribuierung: Umformung von Attributen in Prädikationen (s. o.)
- Überarbeitung an Texten mit fehlender Einbettung von Attributen
- Textproduktion „Steckbrief" (z. B. zu einer allen bekannten Person, zu einer Figur aus einem Fernsehkrimi/Video etc.)
- Fortsetzung einer Geschichte: M 2, 5, 11, 14
- Schreiben einer Kriminalgeschichte (M 9, 10, 15)

Varianten/Verzweigungen

- Videofilm mit Krimi einbeziehen
- Kinderkrimi und Krimispiele (z. B. Scotland Yard) einbeziehen, dabei typische Krimimuster finden: Tat und Opfer bekannt, Täter unbekannt. – Täter, Opfer und Tat bekannt, Spurensuche und Täterverfolgung durch Detektiv und Polizei zu beobachten
- „Ein Bär wächst bis zum Dach" (Vollversion) in Szenen gliedern, dialogisieren, als Hörspiel einrichten
- Beziehung zu Sequenz Nr. 1.

Literaturhinweise

Helbig, G. / Buscha, J.: Deutsche Grammatik. Leipzig: Verlag Enzyklopädie (9) 1986.
Wunderlich, D.: Deutsche Grammatik in der Schule. Frankfurt: Hirschgraben 1980.
Würgler, G.: Satzglied und Attribut. PD 68/1984, S. 61ff.
Schenkel, W.: Zur erweiterten Attribuierung im nominalen Bereich. In: Probleme der Sprachwissenschaft. Leipzig: Verlag Enzyklopädie 1971, S. 217ff.
Sowinski, B.: Deutsche Stilistik. Frankfurt: Fischer 1982, S. 121ff.

5. „Licht, Luft und Wärme“ (Jg. 7/8)

Sachthema: Experimente
Textsorte: Beschreiben, Erklären, Versuchsbeschreibung
Grammatisches Thema: Satzverknüpfung, Gliedsätze (konditional, kausal, final, konsekutiv)
Materialangebot: s. Materialienband S. 53–57

Sequenzgliederung/Materialübersicht/Intentionen

Beobachtungen – Bedingungen

M 1: Die Schüler führen auf dem Arbeitsblatt ein optisches Experiment zu „Nachbildern“ durch. Sie formulieren aus, was sie dabei beobachtet haben.

M 2: Zwei Vorgänge werden in ein logisches Verhältnis gebracht: Ein Vorgang und seine Bedingung (Varianten des Konditionalsatzes).

M 3: Die Schüler übertragen einen Goethe-Text zum optischen Phänomen der „Brechung“ in ihre Sprache und berücksichtigen die konditionalen Beziehungen.

M 4: Die Schüler lösen ein optisches Problem anhand einer Bild-Text-Kombination und schreiben ihre Beobachtungen nieder. Sie geben die Bedingungen an, unter denen die Lösung möglich ist.

Erklärungen – Ursachen und Gründe, Absichten und Folgen

M 5: Die Schüler rezipieren Bilder und Texte zu Problemen der Luftströmung und des Luftdrucks (Fliegen). Sie bringen die Teilinformationen in einen Zusammenhang und stellen in einer Erklärung der Phänomene kausale Beziehungen (Kausalsatz) zwischen Teilvorgängen her.

M 6: Die Schüler wenden die Kenntnisse aus M 5 auf einen neuen Versuch an und erklären das Experiment. Sie wandeln Hauptsatzreihen in Kausalsatzgefüge um. Bei der Beschreibung des Experiments können nun Bedingungen/Absichten, Handlungen und Folgen in einen Zusammenhang gebracht werden. Bei der Erklärung des Experiments können Vorgänge und Gründe/Ursachen in einen Zusammenhang gebracht werden.

Versuchsbeschreibung – Satzbau

M 7: Zur Vorbereitung einer gezielten Anwendung bei der Textsorte Versuchsbeschreibung wird ein Überblick über die verwendbaren typischen Gliedsätze erstellt. Die Schüler geben jeweils Beispiele aus ihren bisherigen Texten.

M 8: Die Schüler entnehmen aus einem Beispiel für die „Versuchsbeschreibung“ (zu einem Gas-Wärme-Experiment) die typische Gliederung. Sie reflektieren die benutzten Satzgefüge und begründen, warum sie in dieser Textsorte gehäuft vorkommen.

M 9: Die Schüler sichten kritisch Ausschnitte aus Schülertexten zu einem Versuch (ebenfalls ein Wärme-Experiment) und verifizieren die verwendeten Gliedsätze.

Varianten der Verknüpfung

M 10 / 11: Die Schüler werden mit einer (falschen!) Erklärungs-Hypothese zu einem Verbrennungs-Experiment konfrontiert. Sie beobachten eine Liste von grammatischen Varianten der Hypothese. Mit dieser Übersicht stellen sie nun eine eigene Hypothese zur Erklärung des Versuchs auf. Sie schreiben eine komplette Versuchsbeschreibung.

M 12: Sie wenden alle Kenntnisse zu den Gliedsätzen und zur Textsorte an einer weiteren Versuchsbeschreibung zu einem Oxydations-Experiment an.

Didaktischer Kommentar

Der Sache nach geht es um kleine naturwissenschaftliche Experimente. Naturwissenschaftliche Spezialkenntnisse sind dazu nicht erforderlich!
Voraussetzung der Sequenz ist die generelle Einführung der Schüler in Gliedsätze (Adverbialsatz, Endstellung des finiten Verbs, Anwendung von Konjunktionen etc. S. z. B. Sequenz Nr. 3 Temporalsätze in Jg. 5/6). Darauf aufbauend werden hier angezielt die Gliedsatzarten *Konditionalsatz, Konsekutivsatz, Kausalsatz* und *Finalsatz.*

Die *kommunikativen Funktionen* der Gliedsatzarten dieser Sequenz liegen vor allem im
- Argumentieren und
- Erklären.

Mit diesen Sätzen werden die „Bedingungen/Voraussetzungen, Folgen/Wirkungen, Gründe/Ursachen sowie Absichten/Zielen“ bei menschlichen Handlungen einerseits und natürlichen Vorgängen andererseits erklärt.

Die *stilistische Funktion* dieser Gliedsätze besteht darin, den in der Argumentation und vor allem beim wissenschaftlichen Erklären üblichen Nominalstil durch den Verbalstil zu variieren:

Bei schräg einfallendem Licht ... → Wenn das Licht schräg einfällt, dann ...

Hier wird die grammatische Transformation „adverbiale Bestimmungen ↔ Adverbialsätze“ wichtig.
Außerdem werden primitive Satzreihen in stilistisch höherwertige Satzgefüge überführt, die den logischen Zusammenhang explizit anzeigen:

Das Licht fällt schräg ein. Man sieht die Münze nicht.
→ Wenn das Licht schräg einfällt, sieht man die Münze nicht.

Dabei ist eine Stilkritik möglich: Nominalstil in Lehrbüchern, die z. B. wissenschaftli-

che Experimente möglichst knapp darstellen, wobei die Ergebnisse wichtiger sind als die Handlungen. Verbalstil eher bei Beschreibungen der eigenen Versuche.
Die *Textsorte* „Versuchsbeschreibung" bietet einen für diese Jahrgangsstufe angemessenen Verwendungszusammenhang des grammatischen Phänomens. Dabei steht die kommunikative Leistung des Erklärens im Vordergrund. Die argumentative Leistung der Satzarten kann in einer eigenen Sequenz verfolgt werden (s. Sequenz Nr. 8).
Bei den Vorgängen des Erklärens zeigt sich, daß die o. g. Adverbialsätze wesentliche Inhalte vermitteln. Sie sind keineswegs nur Transformationen der sogen. „freien Satzglieder ‚adverbiale Bestimmung'", die nach der systematischen Grammatik als nicht notwendige Ergänzungen gelten (s. übliche Weglaßproben).
Mit der Kenntnis dieser Gliedsatzarten können Experimentdarstellungen besser verstanden und Experimentbeschreibungen und -erklärungen in der eigenen *Textproduktion* besser bewältigt werden. Dabei ist zu berücksichtigen, daß auch andere grammatische Formen der logischen Verknüpfung als Varianten nutzbar sind (s. M 10).

Methodenhinweise

Beobachtungen – Bedingungen

M 1–M 4: Diese Materialien haben optische Phänomene zum Thema. Die Schüler werden zu eigenem Handeln angehalten, und sie bekommen Darstellungen sowie Erklärungen zu den Versuchen vorgelegt.
Ein Reiz besteht dabei darin, daß Text M 3 aus historischer Zeit, von Goethe, ist. Im Mittelpunkt dieser Teilsequenz und am Anfang der gesamten Sequenz steht zunächst das *Beobachten der Vorgänge* bei einem Versuch, noch nicht das Aufklären der Gründe für bestimmte Erscheinungen.
Zentral für diese Teilsequenz ist außerdem der Blick auf die *„Bedingungen/Voraussetzungen"* der erkennbaren Vorgänge/Erscheinungen: Wenn x getan wird, dann ereignet sich y.
Thematisiert werden also die konditionalen Gefüge sowie der *Konditionalsatz.*
M 1 / M 2: Der pure Vorgang könnte z. B. in Infinitivketten hintereinandergestellt werden:
Vogelbild anblicken, auf das weiße Blatt schauen, dunklen Raben sehen; ebenso in Satzreihen: *Du blickst auf das Vogelbild, du schaust auf das weiße Blatt, du siehst den dunklen Raben. o. ä.*
Die Schüler reflektieren, in welcher Beziehung die einzelnen Tätigkeiten zueinander stehen und machen dies durch Formulierungen deutlich. Sie beobachten an M 2 die *wenn-dann-Muster* und können entsprechende äquivalente Stellen in M 1 finden und mit der Ersatzprobe in Konditionalgefüge umformen: *Schaust du gleich danach* ..., (ggf. schon „Beim Betrachten ...") und *Blickst du nun* ....
Die Schüler sollten die Sprache der Versuchsanleitung (Aufforderungssätze: *Halte dieses Bild* ...) in die Sprache der Versuchsbeschreibung (Aussagesätze: *Man hält dieses Bild ...)* umsetzen. Dabei werden die wenn-dann-Sätze erneut im Kontext eingebaut:

Wenn man auf das Blatt blickt, sieht man... Dies dient der Vorbereitung auf die Textsorte Versuchsbeschreibung und der wiederholten Übung des Konditionalsatzes. Außerdem sollte hier überlegt werden, daß Versuche unabhängig vom einzelnen Experimentator generell so ablaufen können und insofern allgemein darstellbar sind. (Die Versuchsbeschreibung sollte als unpersönliche Darstellungsform vor allem vom Bericht abgesetzt werden.)
M 3: Die Schüler übersetzen den Goethe-Text in heutiges Deutsch / ihre Sprache und formen konditionale Zusammenhänge in entsprechende Gliedsatzgefüge um. An M 3 ist der Unterschied „objektiv – subjektiv" auffällig. Wesentlich ist (heute) die objektive Seite der Experimente. (Mit dem „subjektiven" zweiten Teil des Brechungsexperiments zeigt sich, daß bei Goethe subjektiv nicht willkürlich, sondern nur einen wichtigen Perspektivwechsel bedeutet.) Man kann die Schüler zu M 3 eine Zeichnung anfertigen lassen, wenn man M 4 zunächst zurückhält.
M 4: Die Schüler führen den Versuch durch und *beschreiben,* was sie tun und was sie sehen. Dabei wenden sie Konditionalsätze an. Die Schüler stellen eine Beziehung zu Goethes Text her. Lösung (im rechten Teil des Bildes schon gezeigt): die Schüler füllen die Tasse mit Wasser; die Münze wird (durch die Brechung) sichtbar.
Die Aufgaben zu M 1–4 führen vor allem auf den Teil des Versuchsaufbaus und der Versuchsdurchführung bei der eigenen Textproduktion hin, in dem u. a. die Versuchsbedingungen darzustellen sind (s. M 8).

Erklärungen – Ursachen und Gründe, Absichten und Folgen

M 5–M 6: Mit diesem Material wird vor allem das Erklären der Versuchsabläufe und -ergebnisse angezielt. Es geht um „Experimente mit Luft" (Druck und Strömung). Thematisiert werden vor allem die kausalen Beziehungen und der *Kausalsatz.*
M 5: Die Schüler führen den Versuch durch. Sie erkennen, daß in der linken Spalte die Anleitung für den Versuch steht und in der rechten die *Gründe* für das seltsame Verhalten des Papiers angegeben sind: oben in allgemeiner Form (Bernoullisches Gesetz), in der Mitte wird der Vorgang während des Experiments noch einmal mit Bernoullis Kategorien (Luftstrom, Luftdruck) erklärt, im dritten Abschnitt wird diese Erklärung dann noch einmal auf Flugzeugflügel angewendet.
Die Schüler bringen die Vorgänge und die Gründe dafür in ein kausales Verhältnis zueinander: Das Blatt hebt sich, weil der volle Luftdruck von unten unter das Blatt drückt. Der Druck von unten ist stärker als der von oben, weil über dem Blatt die Luft in größerer Geschwindigkeit strömt. Der Druck über dem Blatt ist geringer, weil in einem schnellen Luftstrom der Druck abnimmt etc. Die Schüler legen eine ähnliche Übersicht wie in M 2 an.
M 6: Die Schüler führen das Experiment durch. Sie erklären die Gründe für das seltsame Verhalten der Tischtennisbälle mit Hilfe der Kenntnisse aus M 5. Sie schreiben die Erklärung in Form von Kausalsatzgefügen auf. Die Schüler schreiben zu M 6 einen Text, der den Versuchsaufbau, die Durchführung mit ihren spezifischen Bedingungen (s. Textvorgabe in M 6) und die Erklärung (s. M 5) umfaßt (vgl. M 8).

In Ergänzung können an M 5/6 oder den Schülertexten noch Konsekutiv- und Finalsätze beobachtet oder abgeleitet werden:
Finalsatz → Warum bläst man am besten durch einen Strohhalm? ... damit man die Luft gezielt zwischen den zwei Bällen beschleunigt.
Konsekutivsatz → Wir hängen die Bälle so auf, daß sie einige Zentimeter entfernt sind.
etc.

Versuchsbeschreibung – Satzbau

M 7–M 9: Die Schüler üben im Zusammenhang mit der Produktion von Versuchsbeschreibungen die verschiedenen Gliedsätze und schreiben die Texte in gegliederter Form.
M 7: Die Übersicht kann ergänzend zur Besprechung der Konjunktionen eingesetzt werden, zur Sichtung der verfügbaren syntaktischen Möglichkeiten des Erklärens, als Übungsinstrument zur Bildung weiterer Sätze nach 1.–4. oder als Hilfsmittel zum Auffinden entsprechender Sätze in Texten. Außerdem sollten die Leistungen der Gliedsatzarten (verschiedene logische Beziehungen) noch einmal unterschieden werden (s. Zeilen mit den Pfeilen).
Die verknüpfende Leistung der *Konjunktionen* herausstellen und die Stellung der Gliedsätze vorne/hinten sowie der Konjunktionen vorne/in der Mitte unterscheiden.
M 8: Die Schüler sollen für die *Textsorte* „Versuchsbeschreibung" eine *Schreibanleitung* aus ihren bisherigen Erfahrungen mit den Versuchen und ihren Beschreibungen ableiten oder die *Gliederung* und die *Kriterien* für die Textsorte aus M 8 erarbeiten oder sie als Vorgabe durch den Lehrer erhalten.

Schreibanleitung:

- Zeitstufe Präsens
- Man- oder Wir-Form oder Passiv (ggf. Umformung der Anleitungen)
- Gliederung nach dem Muster:
  1. Versuchsaufbau
  2. Durchführung des Versuchs und Beobachtung
  3. Versuchsfrage (i. d. R. Warum-Frage)
  4. Erklärung des Versuchs
- Genauigkeit, Vollständigkeit und richtige Reihenfolge
- sachlich richtige Erklärung
- angemessene Satzverknüpfung durch Gliedsätze.

Die Schüler untersuchen den Aufbau ihrer Texte zu M 6 mit Hilfe von M 8. Sie untersuchen das Textbeispiel M 8. Sie ordnen Beispielsätze aus M 8 den Gliedsatzarten in M 7 zu.
M 9: Das Experiment zu M 9 wird vorgeführt. Zur Anwendung der grammatischen Kenntnisse schreiben die Schüler ihren Text zu M 9.
Die Textbeispiele in M 9 sind aus den zwei wichtigsten Abschnitten der Versuchsbeschreibung (2. und 4. der Gliederung, s. o. M 8) anderer Schüler genommen. Die Schüler besprechen die Vorzüge und Nachteile der Textbeispiele in M 9: insbesondere Lük-

ken, mangelnde Präzision, zu große Breite, gute oder schlechte Verwendung von Gliedsätzen in der Erklärung etc. Sie stellen eigene Textausschnitte zur Diskussion (in der Klasse / in einer Gruppe).

Varianten der Verknüpfung

M 10–M 12: Ein weiteres Merkmal des Experimentierens wird überlegt: die *Hypothesenbildung*. Die *erste Hypothese* kann am Beginn des Experiments noch vor der Durchführung aufgestellt werden: „Wenn man den Versuch so aufgebaut hat und nun in Gang setzt, was geschieht dann?" Die *zweite Hypothese* kann nach der Versuchsfrage gebildet werden: „Bei der Durchführung war dies zu sehen. Wie ist die Erscheinung zu erklären?"
M 10/11: Die Schüler lesen sprachliche Varianten einer Hypothese erster Art zum Experiment von M 11 (hier: falsche Vermutung! Richtig: Weil der Sauerstoff, den die Flamme zum Brennen braucht, ausgeht, erlischt die Flamme.) Dabei beobachten sie die verschiedenen Möglichkeiten der grammatischen Verknüpfung. Sie führen das Experiment durch und formulieren nun die richtige Aussage in verschiedenen Varianten. Sie bilden für die Erklärung eines weiteren Phänomens dieses Experiments Hypothesen zweiter Art auf die Versuchsfrage: Warum steigt in der Flasche das Wasser hoch? (Lösung: Die Flamme verbraucht den Sauerstoff. Deshalb entsteht über dem Wasserspiegel in der Flasche ein Unterdruck, so daß der äußere Luftdruck das Wasser in die Flasche hochdrückt.)
Bei den Sätzen 1–11 sind neben den Verknüpfungsmöglichkeiten der Aussagen die verschiedenen *Einbettungsmöglichkeiten* (s. Rahmen A–D) von Interesse. Außerdem kann der Wechsel im Gebrauch von adverbialen Bestimmungen und Adverbialsätzen überlegt werden (A/B–D). Dabei ist die Transformation beider Formen zu üben:

Weil es dunkel ist, ... → Wegen der Dunkelheit ...
Wenn man darauf blickt, ... → Bei dem Blick darauf ...
Damit das Bild gesichert wird, ... → Zur Sicherung des Bildes ...

M 12: Die Schüler bilden selbst Hypothesen zu M 12. Sie erproben die verschiedenen Satzmodelle (1–11 und A–D). Das Experiment wird durchgeführt und nach dem Muster von M 8 schriftlich dargestellt.
Lösung M 12: Die Oxydation verbraucht ebenfalls den Sauerstoff, nur langsamer als bei der Verbrennung.

Mögliche Lernerfolgskontrollen

- Überprüfen der Gliedsatzkenntnis durch Ermitteln entsprechender Sätze oder Umformungen in den vorgelegten Textbeispielen, besonders in M 9.
- Anwendungskontrolle für die Vielfalt der grammatischen Varianten (s. M 2, M 10) durch Ersatzproben an einem vorgelegten Text (z. B. M 5).
- Selbständige Produktion von Versuchsbeschreibungen nach vorgeführten Experimenten oder Bildvorlagen: M 6, 8, 9, 11, 12.

Varianten/Verzweigungen

- Mit M 5–10 beginnen und die Gliedsätze sowie die Aufsatzgliederung daran erarbeiten, die optischen Experimente danach zur Textproduktion und -überarbeitung nutzen.
- M 10 mit M 7 koppeln, um die vielen Varianten früher in die Schülerproduktion einzubeziehen.
- Die Schüler selbständig Experimente von Zuhause mitbringen und vorführen lassen.
- Zusammenhang mit Vorgangsbeschreibung, s. Sequenz Nr. 7, sowie mit Argumentation, s. Sequenz Nr. 8, mit Gliedsatz in Sequenz Nr. 3.

Literaturhinweise

Sitta, H.: Syntax – Die Lehre vom Bau des Satzes. PD 68/1984, S. 22ff.
Flückiger, W.: Satzverknüpfung – Ein Formulierungsproblem. Ebd. S. 55ff.
Buscha, J.: Satzverknüpfung durch Konjunktionen. DU 6/1988, S. 53ff.

6. „Aus der Ferne“ (Jg. 7/8)

Sachthema: Probleme der „Dritten Welt“
Textsorte: Inhaltsangabe
Grammatisches Thema: Inhaltssatz (daß-Satz, satzwertiger Infinitiv, indirekter Fragesatz)
Materialangebot: s. Materialienband S. 58–69

Sequenzgliederung/Materialübersicht/Intentionen

Sachverhalte zusammenfassen – Inhaltssätze

M 1: An einem Klappentext zu Anatol Feid, „Keine Angst, Maria“, einem Jugendbuch über die Unterdrückung in der chilenischen Diktatur, läßt sich beobachten, wie im Rahmen inhaltlicher Zusammenfassungen Inhaltssätze auftreten. Die Schüler ordnen zusammenfassenden Inhaltssätzen einzelne Sachverhalte zu.

M 2: Die Schüler beobachten an einem Klappentext zu Siv Widerberg, „Eine unglaubliche Geschichte?“, einem Jugendbuch über chilenische Asylanten in Schweden, die Abhängigkeit der Inhaltssätze von Verben des Sprechens sowie der sinnlichen und geistigen Wahrnehmung.

M 3: Die Schüler lernen an einem Brief aus Ghana zu Problemen der Wasserversorgung als grammatische Varianten des Inhaltssatzes kennen: daß-Satz, indirekter Fragesatz, satzwertiger Infinitiv, konjunktionsloser zweiter Hauptsatz.

Handlungen und Reden zusammenfassen – Inhaltsangabe

M 4/5: An einem Text über die Arbeitslosigkeit eines jungen gebildeten Kenianers unterscheiden die Schüler die Handlungsebene und die Problemebene. Dabei werden sie in den Vorgang der Komprimierung für eine Inhaltsangabe eingeführt. In den zusammenfassenden Formulierungen treten Inhaltssätze auf. Die Schüler lernen die Wiedergabe der Handlung einer Erzählung als Hauptteil der Inhaltsangabe kennen.

M 6/7: Bei der Inhaltsangabe zu einem Text über die Schlafkrankheit in Guinea-Bissau lernen die Schüler die Funktion von Inhaltssätzen in der indirekten Rede und der Zusammenfassung von wörtlicher Rede kennen.

Texte kommentieren und werten – Inhaltssätze/Inhaltsangabe

M 8/9: Die Schüler kommentieren und beurteilen eine Erzählung zu Bildungsproblemen in Kenia. Dabei formulieren sie Behauptungen und Urteile in Satzgefügen mit Inhaltssätzen. Sie lernen Kommentare und Urteile als Rahmen für die Inhaltsangabe kennen.

M 9/10: Die Schüler schreiben zu einer Geschichte über Schuhputzer in Peru eine Inhaltsangabe nach einer Schreibanleitung für diese Textsorte. Dabei wenden sie die verschiedenen Varianten der Inhaltssätze an.

Didaktischer Kommentar

Gegenstand der grammatischen Reflexion ist der *Inhaltssatz,* der zu den am häufigsten benutzten Gliedsatzarten gehört (s. o. Textteil S. 19). Die Inhaltssätze sind *daß-Sätze,* die den wesentlichen Inhalt einer Gesamtaussage enthalten. Die ihnen übergeordneten Hauptsätze wirken „nur wie eine Anführung der eigentlichen Setzung" (Duden-Grammatik § 6245).

Die Mutter erklärt, daß sie in Chile verfolgt wurde.

Diese daß-Sätze treten meist *in der Rolle* des *Subjekts,* des *Akkusativobjekts* oder des *Präpositionalobjekts* auf.

Daß die Mutter verfolgt wurde, ist der Behörde bekannt.
Die Behörde weiß, daß die Mutter verfolgt wurde.
Die Behörde hat Kenntnis davon, daß die Mutter verfolgt wurde.

So werden die Inhaltssätze auch als Subjekt- oder Objektsätze bezeichnet.
Die Inhaltssätze „füllen eine Leerstelle des Prädikats und müssen inhaltlich zum Prädikat passen, beispielsweise muß das Prädikat Sachverhalte in dieser Leerstelle zulassen" (Heringer § 381). Die Verben des übergeordneten Hauptsatzes sind Verben des Sprechens und der sinnlichen und geistigen Wahrnehmung: sagen, wissen, feststellen etc. Möglich sind auch nominale Formen: Sie haben Kenntnis davon, daß ...; ihnen ist bekannt, daß ... etc.

Besonders verbreitet sind die Inhaltssätze bei der *Redewiedergabe:* Der Hauptsatz enthält dabei die Redeeinleitung, der Inhaltssatz den Redeinhalt:

Eine Mitschülerin sagt, daß die Familie Probleme hat.

Als Variante des daß-Satzes wird bei der Redewiedergabe auch der „uneingeleitete Objektsatz" (Heringer) benutzt, der eigentlich die Form eines Hauptsatzes besitzt:

Eine Mitschülerin sagt, die Familie habe Probleme.

Zur Kennzeichnung der neutralen Redewiedergabe dient im ersten Beispiel das einleitende verbum dicendi in Verbindung mit der Konjunktion „daß". In der Regel wird in diesem Fall der Indikativ gebraucht. Der Konjunktiv klingt bereits preziös: „..., daß die Familie Probleme habe". Er wird allerdings eingesetzt, wenn der Sprecher Distanz zum Redeinhalt ausdrücken will.
Im zweiten Beispiel wäre der zweite Hauptsatz, der den Redeinhalt wiedergibt, beim Lesevortrag des Satzes mißverständlich, wenn er im Indikativ stünde („..., die Familie hat Probleme.") So erscheint als Signal der Redewiedergabe der Konjunktiv I: „..., die Familie habe Probleme." Bei zweifelnder Redewiedergabe wird der Konjunktiv II eingesetzt: „..., die Familie hätte Probleme."

Neben den daß-Sätzen kommen als Inhaltssätze auch noch häufig *satzwertige Infinitive* und *indirekte Fragesätze* vor.

satzwertiger Infinitiv:
Die Mutter hofft, die Aufenthaltserlaubnis zu bekommen.

indirekter Fragesatz (Ergänzungsfrage):
Ihre Tochter weiß nicht, wem sie sich anvertrauen kann.

indirekter Fragesatz (Entscheidungsfrage):
Ihre Tochter überlegt, ob sie mit einer Mitschülerin sprechen soll.

Als *Textsorte* zur Beobachtung der Inhaltssätze ist die *Inhaltsangabe* besonders geeignet, da bei den Vorgängen der Textreduktion und der Textkommentierung diese Gliedsatzart besonders häufig auftritt: Der Vorgang des Zusammenfassens führt „zur Kombination mehrerer Informationen in einem Satz". Dies „begünstigt die Bildung längerer Sätze und Satzgefüge" (Sowinski, S. 288).
Zur *Schreibanleitung* für die Schüler hat sich als Gliederung einer Inhaltsangabe eine Dreiteilung bewährt:

a) Einleitungsteil zur Groborientierung: „In der Geschichte geht es darum, daß ..." mit Hinweisen zum Thema, zum Autor und zur Textsorte.
b) Zusammenfassende Darstellung des Textinhalts, orientiert an den Handlungsschritten, der Themenfolge oder den Textabschnitten. Dabei ist das Nacheinander der Informationen zu beachten.
c) Möglicher Schlußteil mit einem Urteil des Lesers und Aussagen zur Bedeutung des Textes (generell oder nur für den Leser).

Kommunikative Funktionen des Inhaltssatzes:
Der Inhaltssatz kommt sowohl in den *Behauptungssätzen* des Einleitungsteils einer Inhaltsangabe als auch in den *Urteilssätzen* des möglichen Schlußabsatzes vor:

Böll erzählt in seiner Kurzgeschichte, wie ein ...
Besonders gut ist es Böll gelungen, die Sorglosigkeit des Fischers darzustellen.

Im Hauptteil (b) wird der Inhaltssatz oft zur Zusammenfassung der Gedanken oder Redebeiträge der Handlungsträger und Figuren im Text oder zur Redewiedergabe in der Form der indirekten Rede eingesetzt:

Der Tourist glaubt, der Fischer wäre faul.
Der Tourist und der Fischer diskutieren, ob ständiges Arbeiten glücklich macht.

Im raffenden Schreiben wird der Inhaltssatz außerdem benutzt, um einzelne Sachverhalte zusammenzufassen:

Die Geschichte beginnt damit, daß ein Tourist einen Fischer schlafend vorfindet.
Das Elend besteht darin, daß Juan kriminell ist.

Mit der *Inhaltsangabe* wird eine Textsorte angestrebt, die neben der „Gliederung" und der „Interpretation" *einer der häufigsten Schreibaufträge* im Deutschunterricht ist.
Zum einen erhält sie ihre fachliche Legitimation insbesondere aus der Förderung des Leseverstehens. Indem sie den Schreiber darin übt, sich vom Wortlaut eines Textes zu

lösen, wirkt sie auf eine angemessene Textbeschreibung und Textinterpretation hin. Zum andern gibt es situative Verwendungszusammenhänge, für die das Üben der Textsorte Sinn hat: In Kommunikationssituationen z. B. unter Jugendlichen über den neuesten Film, ein wichtiges Buch etc. entstehen Gelegenheiten zur mündlichen Inhaltsangabe. In Gesprächen über Probleme wird dazu die Inhaltsangabe als Argument eingesetzt, fremde Erfahrungen aus Texten und Medien werden mit ihr eingebracht.
Generell geht es „um eine distanzierte Auseinandersetzung des Lesers mit dem Text" (H. Hoffmann, S. 29). Dabei wird vor allem das *„Abstrahieren"* geübt, das man bei den Schülern ja zu entwickeln hat und nicht einfach voraussetzen kann. Der Leser hat sich aus der genießenden oder gar identifizierenden Rolle herauszunehmen, er „macht den Text zu einem ‚Gegenstand', den es zu ‚besprechen' gilt". (Frommer S. 38) Mit der Inhaltsangabe wird ein vorliegender Text in eine neue „hierarchische Ordnung" gebracht, er ist aus seinem „ursprünglichen linearen Nacheinander heraus(zu)lösen" (ebd., 42). Die Inhaltsangabe ist „sowohl eine Rezeptions- als auch Produktionsleistung" und somit „zugleich als Analyse- wie Syntheseprozeß zu beschreiben" (Schildberg-Schroth/Vieberg, S. 14). Der Rezipient schließt „die Einzelinformationen der Textvorlage in Form einer abstrahierenden Operation zu komplexeren Informationen" (ebd.) zusammen. Dabei ist „inhaltlich mit Varianten zu rechnen, die im Prinzip als gleichwertig anzusehen sind" (ebd. S. 17). Die intersubjektive Abklärung, welche Ausführungen in einer Inhaltsangabe am ehesten den Text richtig wiedergeben, eröffnet sogleich den interpretierenden Schritt der Textrezeption. Die Übereinstimmung in wesentlichen Textaussagen/Textsegmenten liegt dann eher in der Tiefenstruktur des Textes (ebd.).
Die Inhaltsangabe hat, methodisch gesehen, einerseits vorbereitende Funktion für Gespräche über Texte und für Interpretationen, andererseits nachbereitende Funktion, wenn es um das Behalten von Sachverhalten und Textinhalten geht. Im letzteren Fall zeigt sich eine Funktion für das Erlernen des Lernens. Den Schülern müssen die jeweiligen Schreibanforderungen/Textmerkmale transparent gemacht werden, da mit dem Auftrag „Schreibe eine Inhaltsangabe" keine „natürliche" Schreibaufgabe vorliegt.
Als Merkmalskatalog für eine *Schreibhilfe* wie als *Kriterienkatalog* für die Beurteilung (nach entsprechender Einführung und Übung) läßt sich empfehlen:

- Textwiedergabe in der 3. Person
- Einsatz der Tempusgruppe Präsens/Perfekt als „besprechende Tempora" (Weinrich)
- Partnerfiktion des nicht informierten Adressaten
- selbständige Ordnung der Textinformationen (Reihenfolge)
- Formulierung eines „hinführenden Satzes"
- Wiedergabe von wörtlicher Rede mit entsprechenden Signalen der Redewiedergabe (z. B. daß, Konjunktiv, Zitat)
- sachlicher Stil
- Raffung auf das Wesentliche hin
- ggf. wertende Stellungnahme am Schluß.

Das Sachthema *„Probleme der ‚Dritten Welt'"* ist im Materialangebot repräsentiert durch Texte zu: Nutzen von Bildung und Unterricht (M 4, 6, 8), Arbeitslosigkeit (M 4, 10), Wasserversorgung, medizinische Versorgung, Ernährung (M 3, 4, 6), Unterdrük-

kung (M 1, 2), Situation der Kinder (M 1, 2, 3, 4, 8, 10). M 1–3 sind Sachtexte (Rezension und Brief). Die anderen Texte sind fiktionale Texte.
Im Textzugriff ist – vorbereitend für die Inhaltsangabe – zu unterscheiden zwischen der „Handlungsebene“ und der „Problemebene“ (s. M 5). Bei der Handlungsebene wäre noch einmal die „äußere Handlung“ von der „inneren Handlung“ zu trennen. Außerdem wird eine Textgliederung nach „Handlungsschritten“ angestrebt (bes. bei erzählenden Texten) sowie eine vorbereitende Textsichtung nach „Schlüsselwörtern“, die für die Ermittlung der Problemkreise in einem Text dient (bes. bei informierenden Texten, z. B. M 3). Das Sequenzthema dürfte motivieren, da es das in dieser Altersstufe stark entwickelte Gerechtigkeitsbedürfnis der Schüler anspricht sowie ihr Bedürfnis, mehr von fremden Menschen und Ländern zu wissen.

Methodenhinweise

Sachverhalte zusammenfassen – Inhaltssätze

M 1–M 3: Die Texte M 1/2 sind Klappentexte zu Jugendbüchern. Sie sind angewandte Formen der Inhaltsangabe. Die Schüler lernen Probleme der Unterdrückung und Verfolgung in einem Entwicklungsland, Chile unter Diktator Pinochet (1973–1989), „von unten“ kennen: Jugendliche im Slum, Kinder in einer Asylantenfamilie.
M 1: Die Schüler beobachten verschiedene Formen der Zusammenfassung in einem Klappentext: z. B. „dürftige Waren“ → im Buch steht konkreter, welche Waren im einzelnen; „der Bürgermeister verspricht Geld und neue Kleider“ → im Buch stehen seine Verhandlungen mit den Slumbewohnern ausführlicher; „die Slumbewohner wissen, daß Juan ein Krimineller ist“ → Juans Leben mit der Jungenbande wird im Buch breiter entfaltet; die Rezension nennt im einzelnen schon: Juan ist in einer Bande. Er kontrolliert das Viertel. Er wendet Gewalt an. Er fordert „Schutzgelder“. Er stiehlt für Maria Waren. Er nimmt Rauschgift. Er handelt damit.
Die Schüler sehen hier als *eine* Form unter anderen den zusammenfassenden daß-Satz: mit ihm werden hier einzelne Inhalte zusammengefaßt. Die Schüler klären ebenso die zusammenfassende Aussage Z. 33:; „. . . sie sagt, daß auch das maßlose Elend als Ursache bewertet werden müsse,“ und überlegen mögliche Einzelheiten, die hinter der zusammenfassenden Aussage stehen. Damit ist der Lernweg schon auf den daß-Satz ausgerichtet.
M 2: Die Schüler beobachten, daß die daß-Sätze Z. 5, 7, 10, 16, 19, 24, 28 jeweils den Inhalt einer im Hauptsatz eingeleiteten Aussage enthalten. Sie beobachten die Art der Verben: anerkennen, verlangen, zugeben etc. und bilden selbst weitere Sätze ähnlicher Art:
Malin weiß, (Lorenas Familie hat Probleme).
Sie hofft, (Lorena darf in Schweden bleiben).
Sie hört, (die Behörde will die Familie ausweisen).
Lorena erzählt . . . / Ihre Mutter erklärt . . . / Die Behörde fordert . . . / Der Schülerrat . . . Die Mitschüler fühlen . . . / Malin ahnt . . .

Die Schüler erschließen als einleitende Verben: *Verben des Sprechens* sowie *der sinnlichen und geistigen Wahrnehmung* und lernen für den untergeordneten daß-Satz den Begriff *Inhaltssatz* kennen.
M 3: Der Brief über Probleme der Wasserversorgung in Ghana ist ein eher informierender Text, bei dem die Erarbeitung der Problemebene anfangen kann (s. M 4). Außerdem ist für eine Inhaltsangabe die Umsetzung der Ich-Perspektive in die 3. Person ein Übungsfaktor.
Mögliche Sprechsituation für die Inhaltsangabe (Simulation, zugleich Sicherung des Textverständnisses): Der Kleine, Kwami, aus dem Dorf Agomenya in Ghana gibt seinen Freunden Togbe und Dede wieder, was Kojo ihm geschrieben hat. Es erfolgt eine mündliche und ggf. eine schriftliche Inhaltsangabe.
Zum Thema Inhaltssatz bietet M 3 verschiedene *sprachliche Varianten* neben dem daß-Satz:

daß-Satz – Z. 18, 67
satzwertiger Infinitiv – Z. 10, 39, 92, 100
indirekter Fragesatz – Z. 12, 74, 77
zweiter Hauptsatz – Z. 16, 27, 48, 101

Ausgangspunkt für die Suche nach den Inhaltssätzen ist das Aufspüren der Verben des Sprechens und Denkens. Die Schüler sammeln zuerst alle Inhaltssätze und sortieren dann die Sätze zueinander, die der Konstruktion nach ähnlich sind. Ihre Benennung wird erarbeitet oder vorgegeben. Die Schüler erläutern, inwiefern es in allen Konstruktionsfällen um Inhaltssätze geht: Ankündigung eines Inhalts im Hauptsatz – Nennung des Inhalts im Inhaltssatz.
Die Schüler erschließen ggf. als Grund für die Häufung der Inhaltssätze: im Brief ist viel von Äußerungen anderer und Kojos eigenen Gedanken die Rede.

Handlungen und Reden zusammenfassen – Inhaltsangabe

M 4–M 7: Die Schüler rezipieren zwei längere Erzähltexte (M 4, 6) und sollen deren Inhalt wiedergeben. Bei der Erarbeitung des Inhalts können sie das Verfahren der Orientierung an den Handlungsschritten und an den Problemkreisen kennenlernen. Dazu kann M 5 eingesetzt werden.
Bei der Überlegung, wie mit Dialogstellen und wörtlichen Reden in der Inhaltsangabe zusammenfassend umgegangen werden kann, soll M 7 als Hilfe/Richtschnur dienen.
M 4: Nach dem Lesen stellen die Schüler Mugas Erfolge und Schwierigkeiten heraus. Sie machen für den Text Gliederungsvorschläge. Daraus kann die Linie der Handlungsschritte entwickelt werden. Sie erörtern, welche Probleme aus der Dritten Welt dieser Text vermittelt. Daraus kann eine Problemübersicht abgeleitet werden.
M 5: Die Schüler vergleichen ihre Tätigkeit zu M 4 mit den Vorschlägen M 5. Sie erklären den Vorgang der Komprimierung mit eigenen Worten. Sie schreiben eine Inhaltsangabe mit Hilfe M 5 und der eigenen Vorarbeit.
M 6: Zuerst erfolgt eine Verständnisklärung zur Schlafkrankheit, deren Ursache und mögliche Abhilfe sowie zu dem früher magischen (Geister), dann aufgeklärten (Wür-

mer) Verhältnis der Menschen zu der Krankheit. Sie sehen die Rolle des Lesens / der Bildung für die Aufklärung.
Die Schüler können die Situation des Textes in einem Stegreifspiel erspielen. Dazu ziehen sie besonders die Dialogteile des Textes heran. So ist der Blick auf die Redeteile der Erzählung gerichtet. Für die Inhaltsangabe ist zu klären, wie damit umzugehen ist. Die Schüler erproben Zusammenfassungen der Dialogteile. Dabei beobachten sie an den eigenen Formulierungen die Inhaltssätze. Sie unterscheiden vor allem die Umsetzung wörtlicher Rede in indirekte Rede sowie die Zusammenfassung wörtlicher Rede, insbesondere der Ergebnisse von Dialogen, in der raffenden Redewiedergabe. Die Schüler erproben an einzelnen Redebeiträgen die neutrale, die distanzierte und die zweifelnde Redewiedergabe (s. M 7). Die Schüler wiederholen die möglichen Varianten der Inhaltssätze (s. zu M 3) an einzelnen Redewiedergaben aus diesem Text (vgl. M 7). Die Schüler schreiben eine Inhaltsangabe unter Reduktion der wörtlichen Rede.
M 7: Diese Übersicht kann sofort zur Arbeit an M 6 herangezogen werden oder als Ergänzung nach der oben vorgeschlagenen Arbeit an M 6. Für die Signale der Redewiedergabe muß sich der Lehrer entscheiden, ob er nach der normativen Grammatik den Konjunktiv generell bei der indirekten Rede verlangt oder ob er eher der Sprachpraxis folgt und die Hinweise auf M 7 Nr. 3 nutzt.
Zu den Formen des Indikativs/Konjunktivs ist ggf. eine exkursartige Erweiterung nötig.

Texte kommentieren und werten – Inhaltssätze/Inhaltsangabe

M 8–M 10: Eine Inhaltsangabe könnte schon einmal zu Text M 8 verfaßt werden, ehe der Merkmalskatalog M 9 ausgehändigt wird. Die Merkmale ließen sich dann auf der Basis von Schülerprodukten erarbeiten/erörtern.
M 8: Nach der Rezeption des Textes kann im Unterrichtsgespräch zunächst unmittelbar erarbeitet werden, was später in den Einleitungsteil (s. M 9) gehört: Worum geht es ?
(a) Die Schüler sollen die Antwort in ein, zwei Sätzen formulieren.
Danach kann die Reihenfolge der Handlungsschritte von den Schülern selbständig erarbeitet werden (s. M 5).
(b) Die Schüler schreiben anhand dieser Übersicht den Mittelteil der Inhaltsangabe (s. M 9).
Schließlich werden die Schüler zur Stellungnahme gegenüber dem Text aufgefordert: Wie gefällt er euch? Betrifft er euch überhaupt?
(c) Die Schüler schreiben urteilend (s. M 9).
Die Schüler erhalten für (a) und (c) am besten Folienstreifen, auf die sie ihre Einleitungssätze zu M 8 schreiben. In der Klasse wird dann mit Hilfe des Tageslichtprojektors erörtert, welcher Einleitungssatz am treffendsten ist. Dabei findet indirekt Textinterpretation statt. Es ist kein „richtig/falsch“ anzusteuern! Ähnlich kann man für das persönliche Urteil in einem möglichen Schlußabsatz einer Inhaltsangabe (zu M 8) vorgehen.
Bei (c) ist zu unterscheiden: Die Inhaltsangabe ist eine völlig kommentarlose, sachliche Textwiedergabe – das Schlußurteil ist ein persönlicher Kommentar.

Während die Schüler zu (b) die Inhaltssätze im wesentlichen schon beobachtet haben, können sie nun ihren Einsatz beim Kommentieren und Werten an den eigenen Texten (a) und (c) feststellen.
M 9: Diese Übersichten gelten entweder der explizit theoretischen Erarbeitung oder der Ergebnissicherung und der Anleitung für das weitere eigene Schreiben der Inhaltsangabe. Bei den Beispielsätzen zu 1. und 2. können noch die Rollen der Inhaltssätze unterschieden werden: Subjektsatz – Objektsatz (Akkus.- und Präpos.objekt).
M 10: Der Text dient der Anwendung der Auflagen für die Inhaltsangabe. In der Erzählung aus Peru werden die Dritte-Welt-Probleme Arbeitslosigkeit, Kinderreichtum, Konkurrenz der Arbeitskräfte im Informellen Sektor (hier: Schuhputzer), fehlende soziale Sicherung bei Krankheit, Absacken in Kleinkriminalität, aber auch Selbstverantwortlichkeit und familiäre Hilfe dargestellt.
Am Text selbst sind der Tempuswechsel und der Wechsel der personalen Perspektiven Pablo/Vater zu bewältigen und für die Inhaltsangabe zu nutzen. Damit hängt zusammen die Unterscheidung der „äußeren Handlung“ und der „inneren Handlung“ der Textfiguren. Die Schüler können zur Vorarbeit entsprechende Textteile unterscheiden.

Mögliche Lernerfolgskontrollen

- Inhaltsangaben nach der eingeführten Schreibhilfe (s. S. 97)
- Unterscheidung darstellender, kommentierender und urteilender Sätze in Klappentexten
- Kontrolle des Verständnisses vom daß-Satz/Inhaltssatz durch Umformungsaufgaben oder durch Markierung und Bestimmung von daß-Sätzen in vorgelegten Texten, vornehmlich Inhaltsangaben
- Unterscheidung der grammatischen Varianten von Inhaltssätzen sowie der syntaktischen Rollen
- Kontrolle der Kenntnis von indirekter Rede (incl. Konjunktiv) an vorgelegten gemischten Textstellen und Durchführung der Redewiedergabe an Texten mit wörtlicher Rede (dabei Unterscheidung der ausführlichen indirekten Rede und der raffenden Redewiedergabe)
- richtige Anwendung der Interpunktion bei daß-Sätzen und indirekter Rede.

Varianten/Verzweigungen

- die literarischen Texte der Sequenz zunächst in Lektüre und Interpretation angehen, so daß sich eine problemorientierte Sequenz entwickelt, und später in die Ebene Inhaltsangabe/daß-Satz wechseln; z.B. mit M 4, 6, 8, 10 beginnen
- die Texte arbeitsteilig in Inhaltsangaben umsetzen lassen und von den Inhaltsangaben der Mitschüler her die anderen Schüler auf die Originaltexte gespannt machen; dabei die in den Einleitungssätzen der Inhaltsangaben angegebenen Probleme vorbesprechen (Erwartungshaltung aufbauen)

- von den Schülerprodukten her die Merkmale der Inhaltsangabe und Probleme mit daß-Sätzen/Inhaltssätzen angehen
- private Lektüre zum Thema „Dritte Welt“ durch Inhaltsangaben zu Ganzschriften/ Jugendbüchern von Schülern vorstellen lassen
- Klappentexte zu Jugendbüchern/Geschichten verfassen lassen
- Bezug zu den Sequenzen Nr. 2 (kontrastiv: Nacherzählung) und 8 (Konjunktiv).

Literaturhinweise

Schildberg-Schroth, G. / Viebrock, H. H.: Zur Wissenschaftlichkeit des Deutschunterrichts. Überlegungen am Beispiel der Inhaltsangabe. DU 5/1981, S. 4ff.

Frommer, H.: Die Fesseln des Odysseus. Anmerkungen zu den Stilnormen für die Inhaltsangabe. DU 2/1984, S. 37ff.

Hoffmann, H.: Die Inhaltsangabe. DU 6/1986, S. 29ff.

Jentzsch, P.: Training Aufsatz – Inhaltsangabe. Stuttgart: Klett 1988.

Sowinski, B.: Deutsche Stilistik. Frankfurt: Fischer TBV 1982 (1972).

Heringer, H. J.: Grammatik und Stil. Frankfurt: Hirschgraben 1989.

Der große Duden Bd. 4: Duden-Grammatik. Mannheim: Bibliogr.Inst. (2) 1966.

7. „Papier herstellen“ (Jg. 7/8)

Sachthema: Papierherstellung – Handwerk, Industrie, Hobby
Textsorte: Vorgangsbeschreibung, Anleitung
Grammatisches Thema: Passiv – Aktiv; Passivvarianten
Materialangebot: s. Materialienband S. 70–79

Sequenzgliederung/Materialübersicht/Intentionen

Papier schöpfen im Altertum – Tätigkeit und Vorgang – (Aktiv und Passiv)

M 1: Bildergeschichte: Chinesisches Bambuspapier. Überblick über den Vorgang. Schüler beschreiben (wahlfrei/spontan in Aktiv oder Passiv).

M 2: Einzelbild: Arbeit mit Rollsieb. Schüler vergleichen mit M 1c, d: Siebform; erörtern Vor- und Nachteile. Bildtext im Aktiv: Personenbezug (Tätigkeit).

M 3: Histor. darstellender Text: Vom Schwemmsieb zum Rollsieb. Text gibt die histor. Perspektive und das Prinzip der Papierherstellung: Passiv für die personenunabhängige allgemeine Darstellung. (erste Varianten: man-Form)

M 4: Beschreibender Text zu M 1: Arbeit mit dem Schwemmsieb. Verständniskontrolle und Übungstext, aus dem die Schüler die Passivstellen ermitteln. Vergleich mit Texten, die Schüler zu M 1 im Aktiv erstellten.

M 5: Aus einem Hobbybuch: Selber schöpfen. Als Vorinformation oder Kontrolltext zu M 6. Übungstext zu Passivstellen. Beobachtung der Passiv-Varianten. Funktion der Variation. (Ggf. Zustands- und Vorgangspassiv)

M 6: Foto-Serie (durcheinander!): Papier selbermachen. Verständniskontrolle zum Vorgang: Schüler sortieren die Foto-Nummern, produzieren Papier, beschreiben den Vorgang nach der Fotoserie. Schüler wenden Passivformen an.

Die Handwerker: Papiermacher. 13.–18. Jahrhundert – Aktiv (Passiv)

M 7: Ablaufschema und drei Bilder: Arbeitsteilung. Schüler setzen Diagramm mit Hilfe der Bilder in Text um. Schüler erkennen die Rolle der Personen und benutzen also das Aktiv bei der Tätigkeitsbeschreibung. Fachspezifisches Vokabular.

M 8: Sachbuchtext. Nominalformen als Passiv-Variante. Schüler transformieren Nominalstil in Verbalstil. Fachwörter: Arbeit mit Wörterbuch (vgl. M 7).

M 9: Vorgangsbeschreibung: Arbeit der Büttgesellen. Schüler verfassen eigene kürzere Fassung des Textes und wenden Aktiv an. Funktionsvergleich Aktiv – Passiv.

Papiermaschinen. Produktion im 19./20. Jahrhundert – Passiv (Aktiv)

M 10: Bild und Sachtext: Maschinelle Papierproduktion. Schüler erkennen den personenunabhängigen Vorgang. Neben Passiv aber auch Aktiv: die „Eigentätigkeit“

der Maschine und des Materials. Schüler ermitteln Aktiv- und Passivstellen. Schüler formen den Sachtext in eine Vorgangsbeschreibung im Passiv um.

M 11: Sachtext: Herstellung des Papierbreis. Erörterung der Umweltprobleme beim Papierkonsum. Übungstext. Schüler verfassen eigenen Text nach Vorlage.

M 12: Bildschema: Vom Holz zum Papier. Schüler stellen den gesamten Vorgang nach der Vorlage dar. (Ggf. Arbeit am Problem der Satzverknüpfung)

Aus Papier etwas herstellen – Anwendungen

M 13: Bildvorlage: „Origami – Die Kunst des Papierfaltens". Die Schüler üben die Vorgangsbeschreibung und wenden Passivvarianten an. Schüler erschließen sich den Anwendungssektor „Anleitung/Gebrauchsanweisung" (Imperativ-Variante).

Didaktischer Kommentar

Passiv als grammatischer Schwerpunkt wird nach Einschätzung der Lehrer und nach den Stoffplänen der Jahrgangsstufe 7/8 zugeordnet, auch wenn z. B. nur 9% aller Sätze in Zeitungen, 10,5% in Kochbüchern, 1,5% in deutscher Dichtung und 1,2% in der Trivialliteratur passivisch konstruiert sind (W. Schneider, 71). Wichtig ist dabei, „daß in 90% aller passivischen Gebrauchsformen das Agens (der Handlungsträger, G. E.) nicht erscheint". (Brinker in: A. Kress, 23). Von daher ist es nicht mit der normalen Sprachverwendung in Deckung zu bringen, wenn immer wieder auf die Transformation Aktiv – Passiv hingearbeitet wird: Der Mann schöpft Papier. – Papier wird *von dem Mann* geschöpft. Das Wesentliche des Passivs ist ja gerade der „täterabgewandte" Blickwinkel, die agensneutrale Aussage.

> So entfällt das „von"-agens,
> 1. wenn es aus dem Kontext der Äußerung rekonstruierbar ist,
> 2. wenn es unbekannt ist,
> 3. wenn es dem Leser/Hörer vorenthalten werden soll,
> 4. wenn der individuelle Handlungsträger irrelevant ist.

Von der *grammatischen Form* her sind zu unterscheiden:
Vorgangspassiv: Personalform von „werden" + Partizip Perfekt
Zustandspassiv: Personalform von „sein" + Partizip Perfekt

Das Sieb wird zusammengerollt. – Das Sieb ist zusammengerollt.

Das *Zustandspassiv* nennt das Ergebnis einer Handlung. Es entsteht aus einem Passivsatz in der Perfektform unter Auslassung von „worden". So erhält es eine Präsensbedeutung.
Partizip Perfekt Passiv: Es gibt an, was mit einer Person oder Sache geschehen ist; diese Passiv-Form wird attributiv und prädikativ verwendet:
Das gefärbte Papier – Das Papier sieht gefärbt aus.

Reflexive Verben stehen nicht im Passiv. Falsch also: Die Fasern müssen sich im Wasser abgesetzt werden.

Varianten des Passivs:

- man-Form (Die Farbe wird zuerst gerührt. → Man rührt zuerst die Farbe.)
- lassen-Form (Die Farbe läßt sich streifenfrei ziehen.)
- reflexive Form (Die Tür öffnet sich.)
- Funktionsverbgefüge (Die Eröffnung der Sitzung erfolgte um 11 Uhr. – statt: ... wurde eröffnet.)
- sein + Adjektiv mit Endung -bar (Die Krankheit ist heilbar.)
- Nominalformen, z. B. Nomen auf -ung für den Abschluß oder das Ergebnis eines Geschehens (bei der Herstellung von Papier ... statt: wenn Papier hergestellt wird)

In Gebrauchsanleitungen statt Passiv auch:
- Imperativ-Form (Rühren Sie zuerst die Farbe kräftig um.)
- Infinitiv-Form (Farbe zuerst umrühren.)
- Sie/Du-Aussage-Form (Sie rühren zuerst die Farbe um.)

Diese Varianten können eine *stilistische Funktion* haben: Zum einen helfen sie die dauernde Wiederholung der werde-Formen in einem Text vermeiden. Zum andern sind einige Varianten traditionell mit bestimmten Textsorten der Vorgangsbeschreibungen enger verbunden (s. Infinitiv bei technischen Kurzanleitungen; Sie-Imperativ und Sie-Aussageform meist in Ratgebern).
Von der *kommunikativen Funktion* her verhilft das Passiv zu einer Aussage, in der die Handlung oder der Vorgang im Mittelpunkt des Interesses steht, während das Aktiv den Blick auf das handelnde Subjekt richtet.
Von daher gibt es für das Passiv typische Verwendungszusammenhänge und *Textsorten:*

1. Behördenbekanntmachungen (Alle Bürger werden aufgefordert...)
2. Amtliche Schreiben (Sie werden gebeten...)
3. Kochrezepte (Das Ei wird verquirlt...)
4. Wissenschaftliche Texte (Beide Vorgänge werden als Oxydation bezeichnet...)
5. Lagebeschreibungen (Das Grundstück wird begrenzt von...)
6. Vorgangsbeschreibungen (Das Fixierbad wird nach 15 Minuten beendet...)
7. Ausführungen in konflikthaltigen Situationen (XY. wurde tätlich angegriffen und beleidigt...)
8. journalistische Texte mit Passiv als „Informationsriegel“ (Aus Bonn wird berichtet... / 1989 wurde der Ausstieg aus der Wiederaufbereitung der Atomabfälle beschlossen...)

1, 2, 4, 7 und 8 bieten sich für höhere Jahrgänge an, 3 ist eher für Jahrgang 5/6 geeignet.

Die *Vorgangsbeschreibung* (6) wird in Jahrgang 7/8 eingesetzt.
Bei Vorgangsbeschreibungen ist es meist unwichtig, *wer* den Vorgang ausführt, *wann* und *wo* er ausgeführt wird. Der Vorgang steht generell für alle ähnlichen konkreten Abläufe. Zwei große Gruppen von Vorgängen werden unterschieden:

1. Naturvorgänge
2. menschliche Tätigkeiten.

„Menschliche Handlungen werden agensabgewandt beschrieben: handelnde Personen werden zwar impliziert, aber nicht expliziert, da ihre individuelle Ausprägung und Charakterisierung für den Handlungsverlauf irrelevant sind." (W. Schmidt, 102f.) Das gilt generell. Anders ist es, wenn es gerade auf die Leistung von Menschen ankommt (vgl. M 7–9). Entsprechend erfolgt die Wahl zwischen Passiv und Aktiv.

Die Schreibregeln für die Vorgangsbeschreibung sind:

- prozessual (Anfang – Ende, Vorgangsverben)
- generalisierend (Präsens, Ausklammerung zufälliger Umstände)
- funktional beschreibend (Relationen: Aufgabe – Lösung, Ziel – Mittel, Ganzes – Teile, Ursache – Folge)
- unpersönlich (Passiv oder Ersatzformen).

Mit dem *Sachthema „Papierherstellung"* wird das Ziel verfolgt, nicht x-beliebige Texte für ein grammatisches Thema zu kombinieren; vielmehr durchzieht ein Thema verschiedene Aufgabenbereiche. Die Sache selbst kann Schüler *motivieren:*

Zum einen bietet die überschaubare historische Entwicklung von der individuellen Handarbeit über das arbeitsteilige Handwerk / die Manufaktur hin zur maschinellen Produktion einen Wissensanreiz. Zum andern wird die Eigentätigkeit angeregt: selber Papier machen. Schließlich wird das Interesse am Fernen, Exotischen angesprochen: Papier in China, Handwerk im Mittelalter. Der zu beschreibende Prozeß ist überschaubar: vom Baum, von den Lumpen, vom Altpapier über den Papierbrei zum Blatt Papier.
Anschließbar an die Beschreibung von Herstellungsprozessen ist die Beschreibung von Bastelvorgängen.

Verknüpfung der Teilbereiche: Die Arbeit am grammatischen Phänomen Passiv wird *angebunden* an die Textproduktion von Vorgangsbeschreibungen. Mit einbezogen wird die Reflexion über Fachbegriffe für eine fachgerechte Beschreibung. Die Textrezeption ist beteiligt, da die Schüler die Informationen für die eigene Textproduktion aus vorgelegten Texten entnehmen, sie müssen sich sachkundig machen. Die Vorgangsbeschreibung ist möglich nach Bilderfolgen (M 1, 6, 7b–d, 13), sie wird gestützt durch Gliederungen des vorgegebenen Prozesses (M 7a, 8, 10, 12), sie kann durch Ablaufdiagramme vorbereitet werden (M 7, 10 über dem Bild, 12).
Ein solches Ablaufschema kann auch als Stichwortzettel für die mündliche Vorgangsbeschreibung dienen: nach dem Muster von M 7a etwa für M 5/6 anlegen. Das grammatische Phänomen Passiv kann an verschiedenen Stellen *induktiv* eingeführt werden: bei M 1/3, M 5, oder kontrastiv bei M 5 / 9. Zur Übung des Erkennens von Aktiv- oder Passivstellen können die verbleibenden Texte herangezogen werden. Die Anwendung erfolgt im Rahmen der eigenen Textproduktion. Dabei wird in der Verständigung über Stellen in den Schülertexen der grammatische Begriff *wiederverwendet. Im Exkurs er*

gänzen muß man ggf. Präsens – Präteritum, die Hilfsverben werden – sein, das Partizip II, Infinitiv und Imperativ.

Methodenhinweise

Papier schöpfen im Altertum – Tätigkeit und Vorgang – (Aktiv und Passiv)

M 1–M 6: Zunächst wird in einem Überblick der gesamte Vorgang (M 1/4, M 3) und dann im Ausschnitt genauer der Schöpf- und Gautschvorgang (M 5–M 6) erhellt. Die älteste Praxis und das aktuelle Hobby werden kontrastiert. Das Prinzip des Vorgangs ist in M 3 erklärt. Mit M 3 wird auch die historische Perspektive (Präteritum) vermittelt, während die Infinitive in den Bildtexen zu M 1 die generelle, präsentische Form haben.
M 1–M 4: Nur die Bilderfolge M 1 vorgeben und den Vorgang beschreiben lassen. Hilfe bieten die nominalisierten Verben der Bildtexte a–e. M 3 ist ggf. nötig, wenn die Bilder c/d im Detail nicht richtig erkannt werden (Schöpfen, Siebrahmen ...). M 4 erst danach als Kontrolltext eingeben. An den Schülertexten sowie im Vergleich mit dem Material lassen sich verschiedene Lösungen der Vorgangsbeschreibung bereits thematisieren: Passiv oder Aktiv („Der eine Chinese trägt die Bambusstäbe heran ..."). Präteritum wie in M 4, da es dabei um eine historische Darstellung geht, oder Präsens wie in M 5, weil es immer so gemacht werden kann? Anhand der Bilderfolge kann man ansprechen, daß es für die Vorgangsbeschreibung günstig ist, den Ablauf in einzelne Schritte aufzuteilen.
M 5–M 6: Die Bilder M 6 sind in der Reihenfolge vertauscht. Die Nummern 1–6 in die richtige Folge bringen lassen; ggf. M 5 zu Hilfe nehmen (Lösung: 4 – 6 – 2 – 1 – 5 – 3). Evtl. vorbereitend M 5 vorher lesen. M 5 ansonsten Übungsmaterial für die Beobachtung von Passiv-Varianten: Passiv-Form, man-Form, Partizipien des Passivs. Zustandspassiv („sind angefeuchtet") vom Vorgangspassiv („wird gefaßt") unterscheiden. Anhand der geordneten Bilder den Vorgang des Schöpfens und Gautschens mündlich beschreiben lassen.

Wortschatzarbeit zum Sachthema beginnen: Die Schüler legen eine Liste von Fachbegriffen aus den Texten des Materialangebots an und erkennen, daß in der Vorgangsbeschreibung die Fachbegriffe in sinnvoller Auswahl einzusetzen sind. Z. B. Faserbrei, Abgautschtuch, Zellstoff, Rollsieb, abgautschen ... mit Erklärung daneben.

Eröffnung des grammatischen Themas durch Kontrast von verschiedenen sprachlichen Varianten zu demselben Vorgang an der Tafel:

Das Sieb wird aus dem Bottich gehoben.	*Der Mann hebt das Sieb aus dem Bottich.*

Fokussierung auf die Verbstelle hin, die den eigentlichen Vorgang markiert. Die Passivform (Form von „werden" + Partizip) ermitteln. In den Texten M 3/4 können die Stel-

len mit Präteritumform des Passivs unterstrichen werden, in M 5 die Präsensformen. Die Funktion erkennen: nur der Vorgang im Zentrum: Ob Chinesen (M 1/4), Inder (M 2) oder wir heute (M 5/6) schöpfen, ändert nicht das Prinzip des Vorgangs. Die Passivformen in den Schülertexten unterstreichen lassen.
Zur Übung: In einer Textproduktion das Schwemmverfahren und das Schöpfverfahren unterscheiden lassen. Bei der Erklärung wird das Passiv angewendet.

Die Handwerker: Papiermacher. 13.–18. Jh. – Aktiv (Passiv)

M 7–M 9: Inhaltlich stehen die Menschen bei ihrer Tätigkeit, steht die arbeitsteilige Differenzierung des Produktionsprozesses im Vordergrund. Neben der Darstellung des Vorgangs in der Infinitiv-Variante (M 7a/8) sowie im Passiv bietet das Material nun auch Tätigkeiten im Aktiv. Der Grund: Im Mittelalter entwickelten sich für die verschiedenen Prozeßteile verschiedene Berufe. Die einzelnen Berufsvertreter werden mit ihrer spezifischen Tätigkeit und ihren besonderen Arbeitsbedingungen vorgestellt. Die handelnden Personen sind hier also wichtig. Das kann im Kontrast zum Passivgebrauch und seiner Funktion nun erarbeitet werden.
Zwei Textsorten können also anstehen: Tätigkeitsbeschreibung im Aktiv oder Vorgangsbeschreibung im Passiv. Die Schüler können an 7b–d feststellen, daß die zentrale Tätigkeit von Männern ausgeführt wurde, während vor- und nachbereitende Arbeiten von Frauen getan wurden. Diese wurden entsprechend geringer entlohnt.
M 7: Eine Gliederung des Produktionsprozesses ist nachzuvollziehen. Das Prinzip der Produktion ist dargestellt (vgl. M 3). Die Schüler können den Kästen in M 7a, die die Arbeitsteilung darstellen, die Bilder M 7b–d zuordnen und erklären. Sie können die Spezialisierung der Tätigkeit (bes. 7c) erklären. M 7a kann als Textgliederung für das eigene Schreiben genutzt werden, wenn die Schüler mit allen Informationen von M 7–M 9 sofort selbständig einen Text „Die Tätigkeit der Papiermacher“ verfassen sollen. Es kann anhand der Bilder M 7b–d der Prozeß vorläufig dargestellt werden.
Die Schüler können arbeitsteilig den Gesamtprozeß mit M 7a–d und M 8 oder die Tätigkeit der Büttgesellen M 7a+c und M 9 darstellen.

Perspektivwechsel: Die Schüler befassen sich mit der Situation und der Arbeit der Menschen und reflektieren die Funktion des Aktivs im Kontrast zum Passiv: Sie verfassen dabei die Texte: „Die Lumpenfrauen“, „Die Büttgesellen“ und „Die Saalarbeiterinnen“. Der Funktionsunterschied wird an der Tafel festgehalten.

Funktionen:	
Passiv: *Der Blick wird nur auf den Vorgang gerichtet.*	Aktiv: *Der Sprecher richtet den Blick auf die handelnde Person und ihr Tun.*

In den Materialien M 7–9 sind sowohl Stellen mit der Darstellung im Aktiv wie im Passiv enthalten. Beispiele können verschieden markiert werden. Die Schüler können selbst ermitteln, wann im Material gewechselt wird (s. o. Perspektivwechsel).

Die Schüler vergleichen abschließend die Arbeit in den Handwerksbetrieben mit der chinesischen Papierherstellung: Über die Bilder wird ihnen die andere Organisation (bes. Arbeitsteilung) und der Bezug „im Freien – im Haus“ deutlich. Der Vergleichstext dürfte eher im Aktiv erfolgen, da bei prinzipiell ähnlichem Verfahren vor allem die Umstände und der Personeneinsatz anders sind.

Papiermaschinen. Produktion im 19./20. Jahrhundert – Passiv

M 10–M 12: Thema ist die industrielle Produktion von Papier. Bedeutsam ist der Einsatz von Maschinen und von mehr Chemikalien in der Zellstoffgewinnung. Die Schüler könnten mit einer Vorgangsbeschreibung nach M 12 beginnen und bei auftretenden Unklarheiten M 10/11 einbeziehen. Bei einer schrittweisen Behandlung bietet M 10 den historischen Wechsel dar: Auffällig ist insbesondere, daß viele Teilvorgänge nicht mehr im Passiv angegeben sind, sondern mit der Formulierung „x läuft, fließt, durchläuft“ der maschinelle Ablauf nachvollziehbar ist. Andererseits werden häufig die Funktionen einzelner Maschinenteile im Prozeß mit der Formulierung „durch, mit Hilfe, auf, in xy wird ...“ gezeigt. – Die Maschine läuft von rechts nach links!
M 10 (Bild) kann mit M 12 verbunden werden. Die Oberbegriffe über dem Bild können eine Gliederungshilfe für die eigene Vorgangsbeschreibung „Die maschinelle Papierherstellung“ sein.
M 11 holt – wieder in einem detaillierten Ausschnitt (vgl. M 5/6, M 9) – den Vorgang vor der eigentlichen Papierherstellung nach: die Zubereitung des Papierbreis. Die Schüler beschreiben diesen Vorgang in eigener Sprache.
Wichtig ist das Problem, daß in der modernen Produktion der Holzschliff die frühere Bedeutung von Lumpen abgelöst hat, Holzeinschlag in Monokulturen ist an die Stelle von Altmaterialverwertung (Lumpen) getreten. Dies stellt neben dem Wegwerfen des Papiers (Mülldeponien) und der Freisetzung chemischer Abfälle (Wasser- und Luftverschmutzung) ein Umweltproblem dar. Dabei ist die immense Steigerung des Papierverbrauchs (s. Tabelle auf S. 110) zu berücksichtigen.

Andererseits ist auf das Papierrecycling zu verweisen, das eine erhebliche Einsparung an Primärenergie, Frischwasserverbrauch und Abwasserableitung einbringt. Die Schüler sollten an dieser Stelle verschiedene Papiersorten mitbringen, im Unterricht beurteilen und den Gebrauch von „Umweltpapier“ erörtern.
Die Vorgangsbeschreibung „Herstellung der Papiermasse“ könnte auf M 5/6 zurückbezogen werden. Die eigene Produktion kann am Schluß stehen oder schon zu M 5/6 erfolgen.

Aus Papier etwas herstellen – Anwendungen

M 13: Wechsel zu *Vorgangsbeschreibungen* beim Basteln. Die Schüler falten nach der Bildvorlage. Sie bringen Anleitungen aus anderen Origami-Sammlungen/Hobbybüchern mit und basteln danach weitere Figuren. Dabei können die verschiedensten Ersatzvarianten von Passiv in den Anleitungen benutzt werden. Besonders die Varianten der Anleitung wären von der normalen Passiv-Form zu unterscheiden, vor allem der

Zuwachsraten in zyklischen Zeiträumen 1885-1985 (% p.a.)	Papier-verbrauch	Bevölkerung
1885–1915	9,8	0,7
1915–1937	3,6	0,9
1937–1951	3,6	1,3
1951–1966	5,7	1,9
1966–1974	4,5	1,9
1974–1985	2,4	1,8

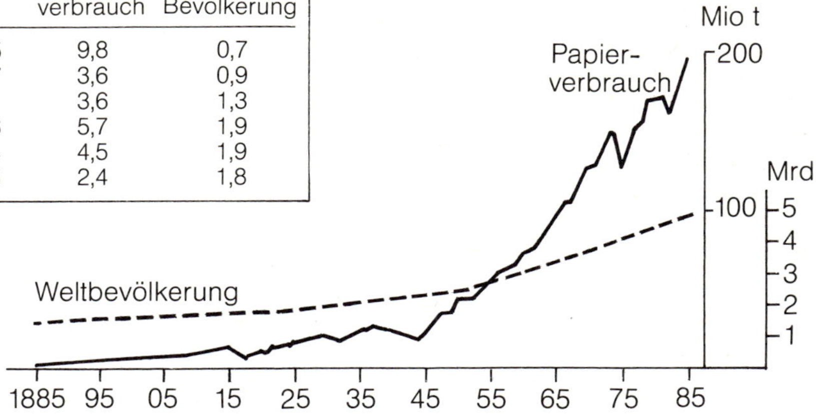

Welt-Papierverbrauch und Bevölkerungsentwicklung 1885 bis 1985. Die Weltbevölkerung hat in den letzten 100 Jahren beinahe explosionsartig von 1,5 Milliarden auf fast 5 Milliarden Menschen zugenommen. Der Papierverbrauch stieg im gleichen Zeitraum von 2 Millionen Tonnen auf annähernd 200 Millionen Tonnen.

(aus: Bayerl/Pichol, Papier. Deutsches Museum München, 1986, Abb. 80)

Imperativ. Die Schüler erkennen, daß eine Anleitung ohne Personenbezug, also im Passiv geschrieben wird und an alle Adressaten gerichtet ist; sie reflektieren außerdem, daß eine Anleitung überzeitlich gültig ist und daher im Präsens steht.
Nachdem die Schüler selbst die Bastelarbeit (Origami-Figur) durchgeführt haben, schreiben sie einen *Vorgangsbericht* in der Ich-Form. Dabei wenden sie automatisch das Aktiv und Präteritum an. Sie vollziehen nach, daß nun die Personenbindung im Vordergrund steht. In den Berichten können nun auch individuelle Abweichungen von der genormten Anleitung zu finden sein.

Mögliche Lernerfolgskontrollen

- nach der Lektüre von M 5/6 nur mit Hilfe von M 6 den Schöpfvorgang beschreiben
- den asiatischen und den europäischen Schöpfvorgang vergleichend beschreiben (M 1–4, M 9)
- das Schöpfen im Unterricht vormachen und danach beschreiben lassen
- nach Lektüre von M 10–12 mit Hilfe von M 12 die maschinelle Produktion beschreiben
- M 7a mit Hilfe von M 7b–d in einen beschreibenden Text umsetzen

- Anleitungen zu M 13 und anderen Origami-Figuren unter Nutzung der Passiv-Varianten schreiben
- eigene Bastelanleitungen zum Basteln mit Papier in den Unterricht mitbringen sowie das zugehörige Material; die Bastelarbeit im Unterricht vorführen; die Mitschüler eine Vorgangsbeschreibung anfertigen lassen
- in vorgelegten Texten oder Schülertexten Passivstellen (Vorgangs-/Zustandspassiv, wurde-/werde-Form, Ersatzvarianten) ermitteln und bestimmen lassen.

Varianten/Verzweigungen

- Mit der eigenen Produktion von Papier vor der Klasse einsteigen, dann auf M 5–M 6 übergehen und mit M 1–M 4, danach mit M 7 die historische Linie eröffnen.
- In arbeitsteiliger Gruppenarbeit Vorgangsbeschreibungen für die jeweils anderen Gruppen erstellen lassen: A) Die frühe asiatische Papierproduktion (M 1–6), B) Die europäische Papierproduktion (13.–18. Jh.) (M 7–9), C) Die industrielle Papierproduktion (seit dem 19. Jh.) (M 10–12).
- Eine arbeitsteilige Gruppenarbeit nur beschränken auf M 7–M 9.
- Mit der Beschreibung der Bastelarbeiten aus Papier beginnen (M 13) und von der Anleitung zur Textsorte Vorgangsbeschreibung wechseln.
- Reduktionen: Nur Vorgänge des Selbermachens (M 5/6, M 13). Oder: Die Beschreibung historisch verschiedener Vorgänge nur an M 1/4, M 9 und M 10 festmachen. Oder: Nur den Schöpfvorgang in den Mittelpunkt stellen (M 5/6, M 9, M 10).
- Thematisierung der Textsorte „Vorgangsbeschreibung" evtl. erst bei M 5, des Themas Passiv im Kontrast zum Aktiv erst mit M 7ff.
- Bezug zu den Sequenzen Nr. 3 und 5.

Literaturhinweise

Brinker, K.: Das Passiv im heutigen Deutsch. Düsseldorf: Schwann 1971.

Duden-Grammatik. Mannheim: Bibliographisches Institut (2) 1966. § 820ff.

Köller, W.: Funktionaler Grammatikunterricht. Hannover: Schroedel (2) 1986, Kap. D.

Kress, A.: Redeform Passiv. PD 6/1974, S. 23ff.

Schmidt, W. u.a.: Funktional-kommunikative Sprachbeschreibung. Leipzig 1981. Kap. 2.3.

Schneider, W.: Deutsch für Kenner. Hamburg 1987. S. 71ff.

Sowinski, B.: Deutsche Stilistik. Frankfurt 1982 (1972). S. 193ff.

Harbin, Robert: Origami – Die Kunst des Papierfaltens. München: Heyne TB 1976, Nr. 4441.

Kneißler, Irmgard: Origami-Papierfalten. Ravensburg: O. Maier.

Dies.: Das Origamibuch. ebd.

8. „Standpunkte“ (Jg. 9/10)

Sachthema: Silvester-Feuerwerk? – Todesstrafe?
Textsorte: Stellungnahme, Leserbrief, Erörterung
Grammatisches Thema: Struktur und Mittel der Argumentation, Begründungen, Redewiedergabe, Satzgefüge
Materialangebot: s. Materialienband S. 80–93

Sequenzgliederung/Materialübersicht/Intentionen

A) Thema: Feuerwerk zu Silvester?

Pro und Contra – „neutrale“ und „interessegeleitete“ Argumentation

M 1: Mit der Umwelt-Tip-Seite einer Jugendzeitschrift wird das Thema eingeführt. Die Schüler führen unmittelbar eine Pro- und Contra-Debatte.

M 2/3: Eine akademische Pro- und Contra-Argumentation aus einer Wochenzeitung und eine aktuelle Zeitungsmeldung mit Verbandserklärungen gegen das Silvester-Feuerwerk werden gegenübergestellt. Individuelle Sicht und gesellschaftliche Auseinandersetzung werden verglichen.

M 4: Die Unterscheidung der „neutralen“ und der „interessegeleiteten“ Argumentation wird eingeführt. Die Schüler nennen verschiedene bei diesem Thema engagierte Interessengruppen und beschreiben deren Position.

Redewiedergabe – Argumentationskette, Arten der Argumente – Stellungnahme

M 5: Im Anschluß an einen Ausschnitt aus der Zeitungsmeldung (M 3) wird der Vorgang der Redewiedergabe thematisiert. Damit wird die Wiedergabe fremder Positionen und Argumente ermöglicht.

M 6: Der Zusammenhang einer Argumentationskette und die Kopplung von Behauptung-Begründung-Stütze wird schematisch visualisiert. Die Schüler erproben entsprechende Satzgefüge.

M 7: An einem Zeitungsbericht über die Kampagne „Brot statt Böller“ beobachten die Schüler die interessegeleitete Argumentation und die Redewiedergabe. Sie stellen verschiedene Arten der Argumente zusammen. Sie verfassen selbst eine Stellungnahme.

M 8: An einer Übersicht beobachten die Schüler das Beschreibungsvokabular für die verschiedenen Sprachhandlungen des Argumentierens. Sie wenden einzelne Begriffe auf verschiedene Argumente in M 7 oder im eigenen Text an.

M 9: An vorgelegten Sätzen aus Schüler-Argumentationen verbessern die Schüler die fehlerhafte Syntax. Sie überprüfen die eigene Stellungnahme.

B) Thema: Todesstrafe, ja oder nein?

Leserbrief – adressatenbezogene Argumentation

M 10–13: Zeitungsmeldungen zu Todesurteilen, zu Umfragen unter Schülern und zu einer Kampagne gegen die Todesstrafe führen ins Thema ein, vermitteln erste Sachinformationen und ermöglichen eine spontane Diskussion mit mündlichem Adressatenbezug. Die Schüler können einen ersten Leserbrief auf eine der Meldungen hin schreiben.

M 14/15: Die Schüler werden mit Zitaten aus Leserbriefen konfrontiert. Sie schreiben dazu neue Leserbriefe mit Redewiedergabe. Eine Schreibanleitung hilft.

Erörterung – grundsätzliche Argumentation

M 16–18: Mit einem Gliederungsvorschlag und einem Fachtext werden die Schüler auf eine eigene Erörterung vorbereitet. Sie vergleichen mit einem Text.

Didaktischer Kommentar

In Jg. 9/10 kommt der weitere Begriff von *Reflexion über Sprache* immer mehr zur Geltung. Die in den früheren Stufen eingeführten grammatischen Einzelphänomene werden in verschiedenen sprachlichen Anwendungsfällen wiederaufgegriffen, hier z.B. Satzgefüge, Redewiedergabe, Konjunktionalsätze (bes. Kausal- und Konditionalsatz), und es werden neue, über die Wort- und Satzebene hinausgehende sprachliche Formen in den Blick genommen: z.B. die *Struktur der Argumentation, Arten der Argumentation, Sprachhandlungen beim Argumentieren.*

Für die Argumentation steht nicht der logische Apparat von Syllogismen/Schlüssen als Ziel an, sondern nur der notwendige Zusammenhang von *Behauptung/Forderung* und *Begründung/Beweis.* Beim Argumentieren entsteht eine *Argumentationskette,* wenn Thesen und Argumente nicht akzeptiert werden und deshalb weiter gestützt werden müssen (s. M 6).

Eine *These* ist eine sprachliche Äußerung, mit der ein Sprecher Anspruch auf allgemeine Anerkennung erhebt. Ein *Argument* ist eine Äußerung, mit der der Sprecher seine These zu begründen oder zu stützen versucht. Die Begründung oder Rechtfertigung einer These (Behauptung/Forderung) wird durch eine Warum-Frage („Warum sagst du das? Warum tust du das? Warum willst du das?“) ausgelöst. Im Ablauf einer Argumentation kann ein Argument, das eine vordere These stützt, selbst wieder wie eine These wirken, wenn es erneut infrage gestellt wird.

Im Schreibverhalten werden die Schüler dabei sehr auf Präzision und Widerspruchsfreiheit festgelegt sowie auf einen gut gegliederten Aufbau ihrer Argumentation. Dazu sollen „Schreibhilfen“ (M 15, 16) dienen.

In der engeren *grammatischen Reflexion* sind alle Arten von *Satzgefügen* und *Satzver-*

knüpfungen für die Textsorte „Erörterung" von Bedeutung, mit denen die oft schwierigen und theoretischen Zusammenhänge angemessen ausgedrückt werden können: vor allem Kausalsatz (..., da/weil ...), parataktische kausale Konjunktionen (denn, also, deswegen ...), Konditionalsatz (wenn ..., dann ...) und der Inhaltssatz zum Aufstellen von Behauptungen (Ich finde, daß ...). Das Tempus der Erörterung ist i. d. R. das Präsens. „Die Formulierung bestimmter Gedankengänge verlangt zudem einen abstrakt-begrifflichen Wortschatz, der jedoch das Verständnis nicht erschweren darf und deshalb mit bestimmten Formen der Anschaulichkeit des Ausdrucks (Bildern, Vergleichen, bildhaften Verben u. a.) wechseln soll." (Sowinski, 293f.)

In der Erörterung muß man sich zumeist auch mit fremden Positionen auseinandersetzen und sich auf sie beziehen: man muß fremde Standpunkte überprüfen, identifizieren, wiedergeben und einbeziehen. Als grammatische Form der *Redewiedergabe* ist die *indirekte Rede* und mit ihr der Konjunktiv und der Inhaltssatz (XY meint, daß...) zu behandeln, daneben auch das Zitat (s. M 5).

Bei der Anwendung verschiedener Arten von Argumenten sind verschiedene *Sprachhandlungen* zu beobachten, mit denen argumentiert wird. Zur Kennzeichnung dieser Sprachhandlungen (z. B. auffordern, behaupten, begründen, beweisen, ein Beispiel geben etc.) ist ein entsprechendes Beschreibungsvokabular einzuführen (M 8).

Für die *Textproduktion* werden verschiedene Formen der Argumentation angestrebt. Zum einen sind *Pro-und Contra-Debatten* im Bereich der mündlichen Textproduktion anwendbar: Dabei sollte die geregelte Debatte mit Vorabstimmung zum Meinungsbild und Endabstimmung, zwei argumentierenden Parteien, Leiter, „Sachverständigen" und festgelegter Redezeit versucht werden (s. „Pro und Contra"-Sendung im Fernsehen). Daneben ist die *Diskussion* als adressatenbezogene mündliche Form einsetzbar, in der man unmittelbar auf die Argumentation der Gesprächspartner eingehen kann. Zum anderen stehen im Bereich der schriftlichen Textproduktion die *Stellungnahme* zu einem Problem, der *Leserbrief* und die *Erörterung* auf der Basis von Vorkenntnissen im Mittelpunkt. Mit der Stellungnahme reagiert man unmittelbar argumentativ und z. T. persönlich auf eine Problemstellung. Mit dem Leserbrief geht man öffentlich auf schon veröffentlichte Vorgänge oder Diskussionsbeiträge in den Medien ein. Bei der Erörterung steht das abwägende, vergleichende Argumentieren im Vordergrund.

Wesentlich ist, daß die Schüler nicht unvorbereitet eine Fragestellung erörtern, sondern sich zuvor sachkundig machen, Informationen einholen. Dazu dient das Materialangebot zu zwei Themen. Ähnlich müßte Material vom Lehrer/von den Schülern gesammelt werden, wenn es um andere Themen geht.

Über das Material ist auch ein wesentlicher Aspekt der Argumentation einbeziehbar: Sie soll nicht akademisches l'art pour l'art sein, vielmehr muß deutlich werden, daß mit der Argumentation in der Regel private oder gesellschaftliche Interessen verfolgt werden. Diese *Interessenbindung der Argumentation* ist ebenfalls aus dem Material zu identifizieren, an Zeitungsberichten, Verbandsmitteilungen oder Leserbriefen (s. M 2–4).

Andererseits ist klar, daß nicht jede Erörterung Konsequenzen für das unmittelbare Handeln hat: Im Themenbereich „Feuerwerk zu Silvester?" könnte jeder Schüler seine Konsequenzen aus der Erörterung über die Verschwendung und Umweltbelastung oder die Freude durch das Silvesterfeuerwerk ziehen. Im Themenbereich „Todesstrafe, ja oder nein?“ ist dagegen kein unmittelbares Handeln ableitbar: Die Schüler bereiten sich mit der Erörterung eher grundsätzlich für die Teilhabe am öffentlichen Diskurs vor und können argumentativ in ihrem Wirkungsbereich Einfluß gewinnen.

Methodenhinweise

Die Sequenz ist in zwei Themenbereiche gegliedert: M 1–M 9 „Feuerwerk zu Silvester?“ zum Problem, ob man Silvester mit Feuerwerk soviel Geld in die Luft pulvern oder das Geld nicht lieber für soziale Zwecke verwenden sollte. M 10–18 „Todesstrafe, ja oder nein?“ mit dem grundsätzlichen Problem, ob die Todesstrafe weltweit geächtet werden sollte oder nicht.

A) Thema: Feuerwerk zu Silvester?

Nach M 1 läßt sich die Entscheidungsfrage für eine Pro-und-Contra-Debatte formulieren: „Sollte man auf das Silvesterfeuerwerk zugunsten sinnvollerer Zwecke verzichten?“ M 1 bietet den Zweck „Naturschutz“ an, M 3, 7 den Zweck „Hungerhilfe“. Die Schüler können andere soziale Zwecke als Beispiele einbeziehen. Die Texte M 1, 2, 3, 7 bieten zudem Informationen, die in der Debatte genutzt werden können.

Pro und Contra – „neutrale“ und „interessegeleitete“ Argumentation

M 1: Mit M 1 sollte die Debatte zum Thema eröffnet werden. Dabei sollte vorgegeben werden:

Die Spielregel für Debatten

1. Personen: Mannschaft PRO, Mannschaft CONTRA, Mr. Speaker, „neutrale“ Sachverständige, abstimmendes Publikum.
2. Die *Mannschaften* sind gleich stark (ca. je 5), haben dieselbe Anzahl an Wortmeldungen und führen diese in vorher festgelegter Reihenfolge durch (also: Argumente in der Mannschaft aufteilen!).
3. *Mr. Speaker* achtet auf die Einhaltung der Regeln und der Redezeit: ca. 30–60 Sekunden je Mannschaftsmitglied. Er bezieht am Anfang oder bei Unklarheiten die Sachverständigen ein.
4. Die *Sachverständigen* dürfen nicht argumentieren: sie sollen über den im Thema enthaltenen Sachverhalt besondere Kenntnisse haben.
5. Das *Publikum* soll den Ablauf der Debatte verfolgen und nachher bewerten, welche Mannschaft die stichhaltigeren Argumente und die beste Abstützung durch Beispiele, Fakten, Zitate etc. hatte. Es stimmt zum Schluß ab, welche Mannschaft überzeugt hat.
6. Verlauf: Jede Mannschaft verteilt in einer *Vorbesprechung* die wichtigsten Argumente auf die Mannschaftsmitglieder, jede Mannschaft hat eine *erste* Runde mit nur eigenen Argumenten; dabei hat jedes Mannschaftsmitglied eine Wortmeldung, eine *zweite* Runde, in der zwei Mannschaftsmitglieder die Argumente der gegnerischen

Mannschaft zu widerlegen versuchen, eine *dritte* Runde mit dem Schlußplädoyer je eines Mannschaftsvertreters, der die Position seiner Mannschaft noch einmal zusammenfaßt. Ggf. vorher oder zwischendurch *Informationen* der Sachverständigen zur Sache. Abschließend *Abstimmung* im Publikum und *Kommentar* zur Leistung der Mannschaften.

M 2/3: Ein Vergleich von M 2 und M 3 zeigt, daß einmal interesselos-grundsätzlich, d. h. „neutral“ Pro und Contra erwogen werden, daß sich zum andern bei der öffentlichen Debatte zu einem gesellschaftlichen Problem einzelne Interessengruppen zu Wort melden. In M 2 werden vor der Conclusio Pro und Contra einander gegenübergestellt; dabei können beide Standpunkte engagiert vertreten sein. Erst in der Conclusio kommen die subjektive Gewichtung der Argumente und eine persönliche Wertung aus der Sicht des Vergleichenden ins Spiel. In M 3 geht es von vornherein um die Vermittlung von Verbandspositionen. Die Schüler könnten zu M 2 weitere Argumente zu Pro oder Contra einführen. Sie könnten zu M 3 die Texte der originalen Verbandserklärungen ausformulieren, auf die sich die Zeitungsmeldung bezieht; dabei würden sie bereits simulativ die Position der betreffenden Interessengruppe übernehmen. Die Schüler überlegen den gesamten Kreis der von diesem Thema angesprochenen Interessengruppen: z. B. Herstellerfirmen von Feuerwerksartikeln / der Einzelhandel / Bürger, die gerne Feuerwerk sehen / Tierschutzvereine / Umweltschutzgruppen / Ärzte / die Welthungerhilfe. Die Schüler erstellen Stellungnahmen der verschiedenen Gruppen.
M 4: Hiermit wird die Erkenntnis zusammengefaßt. Zugleich wird eine Anleitung zu den zwei entsprechenden Formen einer schriftlichen Argumentation/Stellungnahme gegeben. Die Schüler fertigen in zwei Gruppen jeweils eine Argumentation nach a) oder b) an und vergleichen sie.

Redewiedergabe – Argumentationskette, Arten der Argumente – Stellungnahme

M 5: Vor allem an M 4 (Form b, Nr. 3) und z. B. an M 3 (2. Satz) wird deutlich, daß man sich bei der Auseinandersetzung mit Fremdpositionen auf die Erklärungen anderer bezieht und sie zu diesem Zweck indirekt wiedergibt. Die Schüler üben die Redewiedergabe: Sie können z. B. aus den Stellungnahmen der Mitschüler (s. o. M 3 oder M 4) wiedergeben oder zitieren. Im Exkurs sind ggf. die Formen von Indikativ/Konjunktiv I und II zu wiederholen.
Für den Gebrauch des *Konjunktivs I* in der *indirekten Rede* kann heute statt der Vermittlung der normativen Regel „Konjunktiv I in der indirekten Rede“ die Vermittlung der sinnvollen, d. h. störungsfreien Sprachpraxis erfolgen: Es reicht *ein* sprachliches Signal zur Anzeige der indirekten Rede. Der daß-Satz und der indirekte Fragesatz nach einem Hauptsatz mit einer Redeeinleitung können also im Indikativ stehen. Nur bei indirekter Rede in den Medien wird in diesen Fällen oft noch der Konjunktiv I benutzt als leichte Form der Distanzwahrung gegenüber dem Gesagten (s. M 5 Nr. 3 und 6). Allein bei einer Simulation von Presse- oder Radio/TV-Meldungen würde man also Konjunktiv I einräumen. Bei einem uneingeleiteten angeschlossenen Hauptsatz, der den Redeinhalt bietet, steht i. d. R. Konjunktiv I (s. M 5 Nr. 4). Auch bei einer Fortsetzung der Redewiedergabe in weiteren Hauptsätzen, die sich stillschweigend noch auf

die weiter vorne stehende Redeeinleitung beziehen, wird der Konjunktiv I verwendet, um sie von der Ebene des Berichts abzuheben. Demgegenüber gilt der Einsatz von Konjunktiv II zur Anzeige von Skepsis und Zweifel generell (s. M 5 Nr. 5). Die Schüler identifizieren die indirekte Rede in M 3 und spielen nach dem Muster von M 5 Redewiedergaben zu weiteren Äußerungen der Welthungerhilfe durch.

M 6: Es soll der Vorgang der Argumentation an Beispielen aus den bisherigen Texten im einzelnen verfolgt werden: Die Schüler erkennen den Wert eines Gesprächspartners, der prüfend die eigene Argumentation in Frage stellt und so immer neue Argumente herausfordert (A). Sie spielen in Partnerarbeit eine solche Argumentationskette durch. Sie beobachten an Beispielen und diskutieren mit Hilfe von (B), wann sie eine Stütze als hieb- und stichfest ansehen.

Die Schüler können zusätzlich zu den Abläufen der Argumentation die Funktion der verknüpfenden *Konjunktionen* sowie der *Gliedsätze* wiederholen:

Die Welthungerhilfe erklärt,

↪ daß ein Zehntel der Ausgaben für eine Rettung von 50 000 Kindern ausreicht.

Eine Änderung des Verhaltens sei notwendig,

↪ weil zuviele Menschen an Hunger sterben.

Den böllernden Bundesbürgern gehe es gut.

↪ Deswegen könnten sie gut auf etwas verzichten.

Es würde tatsächlich etwas erreicht,

↪ wenn sich alle etwas einschränken würden. ...

Dabei können die hypotaktischen und die parataktischen *Stilvarianten* unterschieden werden:

Raketen sind gefährlich, weil sie mit Sprengstoff geladen sind.
Raketen sind gefährlich. Denn sie sind mit Sprengstoff geladen.
Raketen sind mit Sprengstoff geladen. Deswegen sind sie gefährlich.
Raketen sind gefährlich. Sie sind nämlich mit Sprengstoff geladen.
Wegen des Sprengstoffs im Innern sind die Raketen so gefährlich.

Die Beobachtungen M 5/6 können systematisch an den bisher vorliegenden Texten durchgeführt werden oder aus stilistisch ungünstigen bzw. fehlerhaften Stellen aktuell abgeleitet werden.

M 7: Die Schüler können abschließend an M 7 die „interessegeleitete" Argumentation (von verifizierbaren Gruppen), die Formen der Redewiedergabe, die Stützung von Argumenten und ggf. die Nutzung der syntaktischen Mittel arbeitsteilig oder umfassend analysieren. M 7 kann allerdings auch vor M 5/6 gestellt werden, so daß von diesem Text her die o. g. Phänomene erarbeitet werden. Die Schüler verfassen als Anwendungsfall eine zustimmende oder ablehnende schriftliche Stellungnahme zu den Erklärungen der Pyrotechnik-Firmen „Comet" und ‚eine süddeutsche Firma' (M 7, Abschn. 2, 9–13).

M 8: Mit der Frage: Womit kann man eigentlich argumentieren? werden die verschiedenen in der Argumentation einsetzbaren Sprachhandlungen thematisiert. Die Schüler entnehmen zu den einzelnen Begriffen entsprechende Beispielstellen in M 7 oder in ihren Stellungnahmen zu M 7. Sie erläutern den Unterschied einzelner Begriffe: z. B. Unterstellung – Vermutung, Einschränkung – Ergänzung, Beweis – Begründung, These – Hypothese etc. Die Schüler können überlegen, welche Sprachhandlungen beim Argumentieren wohl am erfolgreichsten sind, und daraufhin die Begriffsliste auszugweise sortieren.

Allgemeine Regeln für die Argumentation

1. Grundlage jeder Begründung sollten feststehende Tatsachen, überprüfte Beobachtungen und Berichte sowie Forschungsergebnisse sein oder Feststellungen, die sich mit hoher Wahrscheinlichkeit aus der Erfahrung anderer Fälle auf den vorliegenden Fall übertragen lassen.
2. Behauptungen, die erst wieder begründet werden müssen, sind eher schwache Argumente; sie werden allerdings häufig akzeptiert, wenn sie als leicht überprüfbar angesehen werden.
3. Ein Einzelfall ist kein Beweis, da er durch jeden anderen Einzelfall widerlegt werden könnte; ein Beispiel muß also repräsentativ sein und allgemein gelten können.
4. Argumente sollen streng auf die Hauptthese (Positionsangabe) bezogen sein, damit kein allgemeines Gerede entsteht.
5. Akzeptiert wird ein Argument vor allem, wenn es sich aus Grundforderungen, die in der Gesellschaft anerkannt sind (z. B. Grundrechte), herleitet. Bei dieser Argumentation ist allerdings zu prüfen, inwieweit diese Normen zeitabhängig sind oder als überzeitlich und weltweit gültig angesehen werden. In diese Normen gehen also ideologische Urteile ein.
6. Als Argument gilt auch der Hinweis auf Folgen und Auswirkungen, wenn diese aufgrund von Detailkenntnissen als sehr wahrscheinlich angesehen werden können.
7. Zitate sind nur als Argument sinnvoll, wenn sie von anerkannten Fachleuten in dem betreffenden Gebiet stammen.
8. Aussagen, die auf Erfahrungen beruhen, müssen sich immer wieder neuer Überprüfung stellen, ehe sie als Argument gelten können (s. Sprichwörter). (nach: Uta Wernicke, Sprachwissen)

M 9: Die Vorgabe soll den Blick auf die Überarbeitung von argumentativen Texten und hier vor allem auf die Syntaxprobleme lenken. Die Schüler überprüfen die eigenen Texte.

B) Thema: Todesstrafe, ja oder nein?

Dieses Thema ist von grundsätzlicher Art, es stellt ein sehr altes Problem dar und zeigt immer wieder neue Aktualität; es kann durch aktuelle Materialien jeweils ergänzt werden (s. M 10). Dem Schwierigkeitsgrad des Themas angemessen ist eine sorgfältige Information über die Verbreitung der Strafe und der Einstellungen zu ihr (M 11–14) sowie über die von Fachleuten ins Feld geführten Argumente (M 17). Die Sequenz B stellt eine Anwendung der in A erarbeiteten engeren Formen der Argumentation (Arten und Folge von Argumenten) dar. Es werden im Vergleich zu A nun großräumiger die Textstrukturen der Argumentation angesprochen.

Leserbrief – adressatenbezogene Argumentation

M 10–13: Von diesem Material ausgehend sollte zunächst eine offene Diskussionsrunde zum Thema eingerichtet werden. Dabei kann im Rückgriff auf die „interessegeleitete" Argumentation die Kampagne von amnesty international (s. M 11) eingeschätzt werden als der Versuch, nicht Eigeninteressen zu verfolgen, sondern humane Forderungen durchzusetzen: Eine Kampagne generell gegen die Todesstrafe, u. a. weil sie gegen Unschuldige, Minderheiten und politische Gegner sowie in Fällen, die nicht Verbrechen gegen das Leben (Kapitalverbrechen) sind, angewandt wird (Beispiel polit. Gegner: M 10). Im Material steckt ein Kontrast, der die Diskussion besonders provozieren kann: Ablehnung der Todesstrafe auch bei Mord, Drogenhandel und Entführung durch ai – Befürwortung der Todesstrafe u. a. in diesen Fällen durch viele Schüler (s. M 11–12/13). Daraus ergibt sich auch die Frage, ob man das Thema grundsätzlich oder nur auf bestimmte Falltypen bezogen diskutieren kann.
In der Diskussion entwickeln die Schüler zunächst eigene Argumente in der Auseinandersetzung miteinander. Dabei kann im Vergleich mit der Debatte der unmittelbare Adressatenbezug in der offenen Diskussion erfahren und thematisiert werden:
Schüler A hilft Schülerin B mit Argumenten, Schülerin C kämpft gegen Schüler D mit Argumenten usw. Dies soll überleiten zur Textsorte Leserbrief (s. M 14/15).
M 14/15: Die Schüler nehmen verschiedene Ausschnitte aus Leserbriefen zur Kenntnis. Es handelt sich um Reaktionen auf einen Stern-Artikel, in dem es um die Alternative „Lebenslänglich" oder „Todesstrafe" ging. Die Reaktionen können mit den Positionen in M 11–13 verglichen werden. Die Leserbriefstellen können auf die Art der Argumentation hin untersucht werden (s. M 8).
Die Schüler können einen Leserbrief (M 14, 1.–9.) zum Ausgangspunkt für einen neuen Leserbrief nehmen, mit dem sie auf die Argumentation eines Stern-Lesers reagieren. Sie können aber auch einen Leserbrief auf die ursprüngliche Frage schreiben: „Lebenslänglich oder Todesstrafe für Kapitalverbrechen?"
Aus der Besprechung der Schüler-Texte können Kriterien für gute Leserbriefe abgeleitet werden. Sie können jedoch schon für das eigene Schreiben vorüberlegt werden. Sie können aber auch aus M 15 übernommen werden. (Zu M 15 Nr. 5, Formen der Überarbeitung: ESAU-Regel s. Sequenz 1, S. 62).

Erörterung – grundsätzliche Argumentation

M 16: Dem Leserbrief als Textsorte mit deutlichem Adressatenbezug wird die Erörterung gegenübergestellt als eine Textsorte, die eher im eigenen Erkenntnisprozeß angesiedelt ist und die intrapersonale Auseinandersetzung festhält. Dabei wird der Schreibende in seiner Selbstfindung unterstützt; er wird außerdem in den gesellschaftlichen Interaktionszusammenhang einer öffentlichen Diskussion einbezogen und somit für die interpersonale Auseinandersetzung vorbereitet.
Die vorgelegte Schreibanleitung soll sowohl eine Gliederungshilfe als auch eine Anregung für die inhaltliche Füllung der Textabschnitte sein. Ihr kann eine assoziative Stoffsammlung vorausgehen (s. G. Rico: Cluster-Technik, vgl. Sequenz 10). Im Hauptteil B werden zwei Varianten eingeräumt: das Verfahren nach der „interessegeleiteten" Ar-

gumentation (s. M 4b) und das Verfahren nach der „neutralen“ Argumentation (s. M 4a). Zentral für die Erörterung soll aber der danach folgende Hauptpunkt sein: die Entwicklung des eigenen Standpunkts aufgrund der vorhergehenden Gegenüberstellung von Argumenten.
Die Schüler schreiben eine Erörterung zum Thema „Todesstrafe, ja oder nein“.
M 17: In der Regel zur Vorbereitung der eigenen Erörterung, aber auch zum nachträglichen Vergleich kann dieser Fachartikel genutzt werden. Außerdem kann der Text noch einmal auf die enthaltenen Argumente, ihre Arten, ihre Verbindung mit Interessengruppen sowie auf erkennbare Gewichtungen des Autors analysiert werden. Die Schüler können beim vorbereitenden Aufarbeiten unmittelbar zu bestimmten Argumenten in einzelnen Abschnitten kritisch Stellung nehmen und so schon ihren eigenen Standpunkt vorläufig entwickeln.
M 18: Hier wird ein Schülertext gegeben, der auf seine Argumentation und die Formulierung hin zu überprüfen wäre. Im Vergleich mit M 16 könnten Wertungsgesichtspunkte für eine gelungene Erörterung entwickelt werden.
Die Schüler können nun in Jg. 9/10 selbständig weitere Themen zur Erörterung entwickeln und dazu Material sammeln. Sie können sich selbständig nach Sichtung der aktuellen Presse in eine laufende aktuelle Debatte mit Leserbriefen einschalten. Oder sie nutzen das Material für eine „grundsätzliche Erörterung“.

Mögliche Lernerfolgskontrollen

- alle Teile einer kompletten Erörterung (s. M 16) können vorweg auch einzeln an einem anderen Thema angewandt werden
- unmittelbare Stellungnahme zu einem vorgegebenen Problem der Form: „Sollten alle Bundesbürger auf die Silvesterknallerei verzichten?“ (Entscheidungsproblem)
- Leserbrief zu einem vorgegebenen Zeitungsartikel oder früheren Leserbrief nach vorbereitender Behandlung des Sachzusammenhangs!
- Analyse und Kommentar zu fremden Standpunkten und interessegeleiteter Argumentation in vorgegebenen Texten
- Argumentation mit simulierter Übernahme einer fremden Rolle; Text mit fremder Perspektive
- Kurzkontrollen zur Kenntnis von Sprachhandlungen/Arten der Argumente, Gliedsätzen und indirekter Rede
- Erörterungen nach vorgegebener Schreibanleitung
- Versuche zu freier Erörterung: Essay.

Varianten/Verzweigungen

- Aufzeichungen von Debatten („Pro und Contra“ ZDF, „Hallo Ü-Wagen“ WDR, „Was meinen Sie?“ DLF etc.) einbeziehen
- Leserbriefe an die Schülerzeitung

- zu Anfang die Schüler selbst verschiedene Themenstellungen zusammentragen lassen, die Sequenz vorrangig in den Einführungsteilen zur Struktur und den Mitteln der Argumentation und in den Schreibanleitungen nutzen und früher an anderen Themen/Materialien weiterarbeiten
- von Schülern aktuelle Materialien zu den vorgelegten Themenbereichen sammeln und auswerten lassen
- Bezug zu den Sequenzen Nr. 5, 6.

Literaturhinweise

Gumbrecht, H. U.: Argumentieren – Interessen durchsetzen. In: Badura, B. u. a.: Reden und reden lassen. Stuttgart: DVA 1975, S. 163ff.

Stein, G.: Argumentieren. Düsseldorf: Bagel 1979.

Sowinski, B.: Deutsche Stilistik. Frankfurt: Fischer TBV 1982 (1972).

amnesty international (Hrsg.): Wenn der Staat tötet. Todesstrafe contra Menschenrechte. Frankfurt: Fischer TBV 1989.

Wernicke, Uta: Sprachwissen. Hamburg: Verlag Handwerk und Technik (5) 1974.

9. „Muttersprache im Vaterland?“ (Jg. 9/10)

Sachthema: Männersprache – Frauensprache; Sprachveränderung
Textsorten: Übersetzungen, Paraphrasen und Umformungen (von Bildern, Grafiken, Tabellen, literarischen Texten und Sachtexten)
Grammatisches Thema: Konnotationen; Stereotypen; Wortbildung; geschlechtsspezifischer Sprachgebrauch
Materialangebot: s. Materialienband S. 94–106

Sequenzgliederung/Materialübersicht/Intentionen

Geschlechtsspezifische Stereotypen und Konnotationen

M 1–3: An einer Illustration der „Gartenlaube“, einer DB-Anzeige und einem Plakat beobachten die Schüler geschlechtsspezifische Rollenklischees.
M 4: Eine Zeitungsmeldung veranschaulicht den Mechanismus der Konnotationen.

Geschlechtsspezifische Vorurteile und Benachteiligungen

M 5–7: Die Schüler erproben mit einer Attribut-Zuordnung und Entscheidung für/gegen vorgegebene Thesen zum naturwissenschaftlichen Bezug und zur Berufstätigkeit des weiblichen Geschlechts ihre Vorurteilsbereitschaft. Sie werten die Erhebungen aus.
M 8/9: An ausgewähltem statistischem Material zu Berufswahl, Erwerbstätigkeit und Einkommen beobachten die Schüler ausschnitthaft die gesellschaftliche Ungleichstellung der Frau. Sie übersetzen Daten in Texte.
M 10/11: Die Schüler vergleichen den Anspruch des Grundgesetzes mit dem Entwurf für ein Anti-Diskriminierungsgesetz. Dabei prüfen sie verschiedene Felder möglicher Diskriminierung und erörtern die Konsequenzen des Gesetzes.

Natürliches und grammatisches Geschlecht – „männliche Sprache“

M 12: Die Schüler entnehmen aus einem Sachtext historische Informationen zum Genus von Wörtern. Sie schreiben einen Text, in dem sie das Problem erklären, das aktuell erörtert wird. Sie ordnen Wörter in Gruppen.
M 13/14: Die Schüler werden von Bildern zur Sammlung aktueller Beispiele angeregt.
M 15: Die Schüler erhalten eine Übersicht über weitere sprachliche Formen einer „männlichen Sprache“. Sie sammeln entsprechende Beispiele und erörtern das Problem aus wechselnder Perspektive.

Sprache verändern – Veränderungen erproben und diskutieren

M 16: An einem Beispiel erörtern die Schüler die Änderung der Sprache per Erlaß.
M 17: Die Schüler erproben die Überarbeitung von Texten nach einem Vorschlag von Linguistinnen/Sprachwissenschaftlerinnen.

M 18–20: Die Schüler vergleichen verschiedene Lösungsvorschläge zur Vermeidung sexistischen Sprachgebrauchs und setzen sich mit der Kritik daran auseinander. Sie überlegen Situationen, in denen Änderungen möglich sind.

Der Sprache den Prozeß gemacht

M 21–24: Die Schüler untersuchen und erspielen einen Gerichtsfall. Sie verfassen eine Pressemeldung. Dazu werten sie etymologische Informationen aus.

M 25: Sie rückübersetzen einen verfremdeten literarischen Text und setzen ihn fort.

Didaktischer Kommentar

Die Sequenz hat ein Thema, das in der Öffentlichkeit zum Teil noch umstritten ist und auch von Schülern unterschiedlich aufgenommen werden kann. In der Schule wird es behandelt, um der Geschlechtsrollenfixierung entgegenzuwirken. Überwiegend werden positive Erfahrungen beim Umgang mit dem Thema in der Schule berichtet. (Hauser/Nave-Herz, S. 102) Dennoch ist als Schwierigkeit zu bedenken, daß manche „Schüler und Schülerinnen, wenn ihnen das Thema ‚Geschlechtsspezifische Sozialisation – Rollenverhalten‘ genannt wurde, Überdruß zeigten und behaupteten, daß sie ‚emanzipiert‘ seien. In anschließenden Gesprächen stellten jedoch die Lehrerinnen fest, daß die Jugendlichen sich häufig ihrer traditionellen geschlechtsspezifischen Sichtweise nicht einmal bewußt waren und eine berufsorientierte Einstellung mit ‚emanzipiert‘ gleichsetzten, daß sie ferner zwar über ein gewisses, aber doch sehr oberflächliches Vorwissen zum Begriff ‚Emanzipation‘ verfügten.“ (ebd. S. 101)
Die Reaktion der Schülerinnen und Schüler hängt sehr vom Informationsstand, politischen Interesse und Vertrauensverhältnis in der Klasse ab; die Sequenz ist eher der 10. Klasse – also reiferen Schülerinnen und Schülern – zuzuordnen, denn über das Infragestellen des öffentlichen Sprachgebrauchs und der verbreiteten geschlechtsspezifischen Stereotypen wird jede und jeder selbst in ihrem und seinem sprachlichen Handeln angesprochen. Das Thema ist Anlaß zu oft regen, auch kontroversen Diskussionen. Es müßten ggf. Gesprächsregeln vereinbart werden, die gegenseitige Diffamierungen unterbinden.
Die Sequenz versucht mit motivierendem Material die verschiedenen Standpunkte und Möglichkeiten zum geschlechtsspezifischen Sprachgebrauch und seiner Veränderung einzubeziehen, so daß sich die SchülerInnen mit unterschiedlichen Positionen identifizieren und eine lebhafte Kontroverse austragen können. Die Veränderbarkeit der Sprache auf die Zukunft hin, wie Sprachkritikerinnen und -kritiker sie vor allem wollen, wird als möglich unterstellt, hat sich die Sprache doch auch historisch verändert. Diese Veränderbarkeit der sprachlichen Traditionen oder unbefragten Konventionen soll im spielerischen Umgang mit der Sprache ausprobiert werden.
Als *Textsorten* kommen dabei in Frage:
– Textparaphrasen, wenn es darum geht, z. B. einen schwierigen Sachtext bzw. fiktio-

nalen Text oder einen Text mit reichen Konnotationen in einen allgemeinverständlichen bzw. direkten umzuwandeln;
- „Übersetzungen" und Textumformungen, wenn es darum geht, z. B. eine geschlechtsspezifische Sprache in eine neutrale oder in eine beide Geschlechter verbindende oder das andere Geschlecht herausstellende Sprache zu überführen; oder wenn es darum geht, Bilder und Grafiken sowie Statistiken in Text umzusetzen;
- Rollentexte, wenn Texte aus der Sicht des anderen Geschlechts verfaßt werden.

Ausgangspunkt der *Reflexion über Sprache* und Textproduktion ist die *These, daß die deutsche Sprache heute eine männlich beherrschte historische Erscheinungsform hat und damit nicht nur eine Benachteiligung der Frauen spiegelt, sondern sogar bewirkt;* deshalb müsse der Sprachgebrauch geändert werden, damit über ein neues Bewußtsein und eine neue Sprachpraxis sich auch Auswirkungen für eine Änderung der sozialen Benachteiligung der Frauen einstellen.
Besonders Trömel-Plötz und Pusch haben herausgearbeitet, „daß die deutsche Sprache, wie sie sich geschichtlich entwickelt hat, ganz unabhängig von den Intentionen ihrer gegenwärtigen Sprecher, eine Männersprache ist. Teils kommen Frauen in ihr nicht vor, werden nur stillschweigend ‚mitgemeint', oder sie werden sprachlich als Sonderfall diskriminiert und damit als Derivat und abhängiges Anhängsel des Mannes gekennzeichnet" (Rutschky, S. 74 / vgl. M 20–24). Für den Unterricht in der Sekundarstufe I läßt sich davon nur ein Ausschnitt einbeziehen.
Andererseits ist von dem sprachanalytischen Befund die sprachpolitische Forderung nach Änderung der durch männliche Formen bestimmten Sprache zu unterscheiden, und davon ist wiederum abzuheben die gesellschaftspolitische Zielsetzung oder Utopie, daß über eine Veränderung der Sprache eine Veränderung der gesellschaftlichen Verhältnisse – insbesondere eine Gleichstellung der Frau – zu erwirken sei.
Wesentlich für diese verschiedenen Dimensionen des sprachlichen Themas ist, daß die Schüler erkennen, daß über die sprachlichen geschlechtsspezifischen Phänomene hinaus und verbunden mit ihnen generell geschlechtsspezifische Rollenstereotypen existieren – auch bei ihnen – und daß es nachweisbare ökonomische Fakten gibt, die die Benachteiligung der Frauen in der Gesellschaft belegen. (Hier wäre die Kooperation mit Politik/Geschichte/Sozialkunde angebracht.) Ohne diese Vertiefung über die Sprachbetrachtung im engeren Sinne hinaus wäre das Thema nur akademisch und bliebe geradezu auf der Ebene der männlichen und erstaunlich oft auch weiblichen „Unschuld", die von Auswirkungen der Sprache auf die gesellschaftlichen Bedingungen ausgerechnet bei diesem Thema nichts wissen will. Die Schüler erfahren mit dieser Einbettung des sprachlichen Problems in den gesellschaftlichen Kontext insgesamt eine Sinnschärfung für den Unterschied zwischen Verfassungsauftrag und Verfassungswirklichkeit.
Die *Reflexion über Sprache* zielt also auf die *geschlechtsspezifischen grammatischen Phänomene:* tradierter oder gezielter Einsatz von geschlechtsspezifischen Konnotationen in Wort und Bild, Unterscheidung von grammatischem und natürlichem Geschlecht der Nomen, quantitativer Überhang männlicher Formen im Grundwortschatz, Formen sprachlicher Diskriminierung, Begriffsgeschichte, Wortfeld, Vorschläge für die Gleichstellung in Wortwahl, Orthographie und syntaktischen Bezügen.

Die Einsicht in die sprachlichen Verhältnisse kann dazu führen, daß einzelne Schülerinnen und Schüler die These akzeptieren, sie muß es aber nicht. Dementsprechend ist in der Sequenz sowohl Material eingebracht, das die These stützt, als auch solches, das sie kritisch betrachtet. Die Gegenüberstellung der Standpunkte spiegelt die kontroverse gesellschaftliche Diskussion bzw. die Motive für das Verschweigen oder gar Karikieren des Themas.

Ein *Ziel* dieser Sequenz müßte es aber sein, daß zumindest alle bereit sind, die gängige Sprachpraxis zu untersuchen: die Wertung steht dem einzelnen frei und kann in kontroversen Diskussionen zwar angebahnt, aber nicht abgeschlossen werden. Was die Änderungsvorschläge zur Sprachpraxis betrifft, so gibt es noch kein abgeschlossenes Formenmodell, nicht einmal bei den Sprachwissenschaftler/innen – SprachwissenschaftlerInnen – Sprachwissenschaftlerinnen und Sprachwissenschaftlern – Sprachwissenschaftlern (sic!). Die Schüler können hier vielmehr „Sprache in Entwicklung" beobachten.

Die Entscheidung, inwieweit unter dem Aspekt des handlungsorientierten Deutschunterrichts die Schüler selbst zu Konsequenzen kommen wollen, muß der einzelnen Klasse und – für die eigene Sprachpraxis – den einzelnen Schülern überlassen bleiben. Denkbar wären z. B. Auswirkungen im Bereich der schriftlichen Verlautbarungen in der Schule, Reaktionen auf Formular- und Verwaltungssprache, Sprache der Schülerzeitung, Mediensprache etc.

Schlüssel für das Verständnis von den Problemen der geschlechtsspezifischen Sprache ist die Kenntnis vom Mechanismus der *Konnotationen.* Denn nur über die Tatsache, daß selbst beim naiven Gebrauch der „Männersprache" von Kommunikationspartnern etwas Bedeutungsvolles mitgedacht wird oder werden kann, läßt sich der Ruf nach Veränderung verstehen: *„man"* ist dann nicht einfach nur ein Indefinitpronomen, sondern beinhaltet zugleich im Gebrauch die Vorherrschaft des Männlichen, so daß *„frau"* als Entsprechung dagegengehalten werden kann. Und diese Konnotationen stellen sich nicht nur bei so offensichtlich vom ursprünglichen Wortinhalt her männlich geprägten Wörtern ein wie bei „man", sondern z. B. auch bei den stärker versteckten, jedoch historisch vorhandenen Bezügen zum Männlichen, wie bei „jemand". Darüber hinaus muß es als Willkür erscheinen, daß bei „Lehrer" mal die Lehrerinnen einbezogen sind, ein andermal aber nicht, und daß die männliche Form beide Geschlechter umfassen soll.

Unter „Konnotation" soll dabei all das zu einem Wort oder sprachlichen Ausdruck Mitgedachte verstanden werden, das aus einer kulturellen, historischen und sozialen Tradition konnotiert wird. Es handelt sich um Bedeutungsnuancen, die im Zusammenhang der Gedanken und Worte ohne zusätzliche Aussage mitvermittelt werden. Dabei könnte die Konnotation als allgemein und intersubjektiv nachvollziehbarer Nebensinn von eher privaten, individuellen und daher oft willkürlichen Assoziationen unterschieden werden. Es wird auch von „sozial-kulturell fixierten" Nebenbedeutungen gesprochen (s. Schulte-Sasse/Werner). In diesem Sinne hat „Dame" oder „Herr" jeweils einen größeren Bedeutungshof über die *Denotation,* nämlich die Bezeichnung einer weiblichen oder männlichen Person, hinaus.

Die Tatsache, daß manche Kommunikationspartner Konnotationen (noch) nicht wahrnehmen, besagt nicht, daß sie von vielen anderen nicht doch erlebt werden: Z. B. hat für manche das Wort „der Chef“ nur die Denotation „Person an leitender Stelle in einer Betriebshierarchie“, d.h. nur die wörtliche, sachlich begrenzte Bedeutung. Andere hingegen konnotieren mit dem Wort die Vorherrschaft der Männer in Führungspositionen und würden je nach wirklicher Stellenbesetzung zwischen den Wörtern „Chef“ oder „Chefin“ auswählen wollen. Diese Unterscheidung wird dann vor allem bewußt betrieben, wenn den Sprechern die tatsächliche Ungleichheit der Geschlechter im sozialen Status bekannt und inakzeptabel ist. So kommt es, daß bestimmte Konnotationen – und vor allem die geschlechtsspezifischen – manchmal nur in bestimmten soziokulturellen Kontexten und Gruppierungen bewußt sind. Bei den Schülerinnen und Schülern können sie nicht in jedem Falle vorausgesetzt werden. Den Jugendlichen sind also z. T. die Augen für das Problem erst zu öffnen.

Methodenhinweise

Geschlechtsspezifische Stereotypen und Konnotationen

Mit M 1–4 werden visuelle Varianten der Geschlechtsrollenfixierung vorgegeben. Die Schüler übersetzen die Bildaussagen in beschreibende und deutende Texte.
M 1/2 zeigen die scheinbar traditionelle und die aktuelle Rolle der Frau, so als hätte sich die Situation geändert. Eine Umfrage in der Klasse, welcher Elternteil die Wäsche in der Familie macht, würde allerdings generell die Beibehaltung der Rollenverteilung zeigen. In M 1 wird das Rollenklischee vom Mann als Jäger noch verstärkend parallelgesetzt. Der ältere Stil des Stahlstichs (M 1) und der moderne Stil der Fotografik (M 2) lassen sich ebenso kontrastieren.
M 1: Das Bild stammt aus der „Gartenlaube“ zwischen 1860 und 1884. Wenn es in den gefühlvollen Illustrationen der Zeitschrift „Gartenlaube“ um das Thema ‚Liebe‘ ging, so wurde – wie in diesem Bild – meist unterschlagen, daß damals, im späten 19. Jahrhundert, unweigerlich hinter jedem Flirt oder dem Frühlingstraum einer Jungfrau der Anspruch stand: Heirat, Ehe, Familie.
M 2: Hier ist die Intention der Werbung einzubeziehen: des Auffallens wegen wird gegen die „normale Rollenverteilung“ verstoßen, denn als Manager erwartet man eigentlich einen Mann (dies könnte eine Vorfrage: Was ist ein Manager? in der Klasse leicht zeigen). Umformung: Die Schüler ersetzen das Bild der Werbung durch ein passendes Bild mit einem Mann (Managertyp) und vergleichen die Werbewirkung. Die Schüler sammeln aus Zeitschriften parallel geschlechtsrollenspezifische Werbung.
Die Schüler schreiben zu den Bildszenen M 1/2 Rollendialoge: M 1 mit wechselnder Besetzung der auf dem Bild sichtbaren Figuren; M 2 die Frau im Gespräch mit einem Geschäftsmann, einer jungen Frau, einem Rentner o. ä. im Abteil.
M 3: Das Plakat der Bundesministerin für Jugend, Familie und Gesundheit macht durch Rollen-Umkehr die spezifisch weiblichen Rollentraditionen deutlich; dabei kann die literarische Tradition der Märchen – hier „Frau Holle“ – als ein Kanal des einseiti-

gen Rollenaufbaus verstanden werden. Die Schüler können ähnliche Plakatideen zu anderen Märchen entwickeln und dabei vorgeformte Rollen umformen. Die Bilder M 1 und 3 bilden thematisch einen Zusammenhang „Hausarbeit" im Gegensatz zu M 2 „Berufstätigkeit": Hausfrau/Hausmann – Geschäftsmann/Geschäftsfrau wären zu kontrastieren.

M 4: Mit dieser Zeitungsmeldung kann schon das Verfahren der Ermittlung von „Konnotationen" eingeführt werden: Die Schüler kreisen Wörter oder Wortgruppen ein, die in ihnen ganz bestimmte Bilder, Kommentare oder Assoziationen auslösen, und schreiben diese neben den Text an der betreffenden Stelle in „Denkblasen" hinein. Zum Text:

> „Befragt, wie sie diesen Text läsen, konstatierten mehrere Versuchspersonen als wichtigsten Lektürefaktor *Ironie* ...; gebeten, anzugeben, worauf der Eindruck des Ironischen sich gründe, benannte man die *Überschrift* sowie die Wendung vom *,Sicherheitsdienst'* berittener Polizei *,hoch zu Roß'*. Offenbar wirkten hier der leichte Archaismus von ‚Roß' (‚Roß' ist im gegenwärtigen Sprachgebrauch Ausdruck einer ‚gewählten' Stillage, es entsteht also ein leichter Stilbruch), vor allem aber der Anklang an die Redensart ‚Er sitzt auf dem hohen Roß' (für ‚Er ist stolz' oder auch ‚Er macht sich wichtig') als Indiktoren eines leicht ironischen Untertons, der in Verbindung mit der Überschrift ‚Auch das noch' ungefähr die Bedeutungsassoziation auslöste: ‚Berittene Polizei = Männersache. Jetzt macht die Frauenemanzipation nicht einmal davor halt!' ... Als Hintergrund dieser Bedeutungsassoziation können also relativ eindeutig sozialkulturell fixierte geschlechterrollenspezifische Denkschemata ausgemacht werden." (Schulte-Sasse/Werner S. 91)

Umformung: Die Schüler ersetzen in der Meldung die weiblichen Rollen durch männliche Vertreter; dabei wird deutlich, daß dann die Überschrift nicht mehr paßt. Die Schüler formen den Text in eine objektive Meldung ohne ironische Elemente um; sie erschließen, daß die Verfasser vom Deutschen Depeschendienst (ddp) die geschlechtsspezifische Tönung eingebracht haben.

Geschlechtsspezifische Vorurteile und Benachteiligungen

M 5–11: Diese Materialien befassen sich mit den sozialpsychologischen und wirtschaftlichen Problemen der Rollenstereotypen sowie mit den rechtlichen Grundlagen der Rollenverteilung. In M 5–7 werden in der Klasse Umfragen gemacht (auch anonym!), aus denen in der Regel die geschlechtsspezifischen Stereotypen abzulesen sind.

M 5: In der Auswertung ergeben sich Persönlichkeitsprofile männlich/weiblich (Strichliste für die Häufigkeit in der Klasse).

M 6: Eine Häufigkeitsliste der Antworten wäre anzulegen. In einer repräsentativen Umfrage ergab sich: Die meisten Schülerinnen und Schüler ordneten den Jungen mehr Interesse und bessere Leistungen zu als den Mädchen. In Wirklichkeit waren die Leistungen von Jungen und Mädchen aber ziemlich gleich, auch wenn das Interesse der Jungen am Physikunterricht etwas höher lag. (In: S wie Schule. Düsseldorf 4/1983, S. 14)

M 7: Nach der Beantwortung die Items in den Standpunkt „Es soll alles beim alten bleiben" (1–4, 6, 10, 11) und den Standpunkt „Mehr Gleichberechtigung für die Frau" (5, 7, 10) sortieren und die Verteilung in der Klasse (Strichliste) deuten.

In M 8/9 werden die Verteilung der geschlechtstypischen Berufe (M 8), der Anteil der Frauen an der Erwerbstätigkeit und Arbeitslosigkeit sowie die wirtschaftliche Benachteiligung der Frau in den Löhnen (M 9) statistisch dargestellt.
M 8: Zu diesem Schaubild sollte ein Einkommensvergleich durch Nachfrage in Betrieben für die in der Tabelle der Wahl nach etwa gleichrangigen Berufe Bürokauffrau/Kfz-Mechaniker oder Friseurin/Elektroinstallateur durchgeführt werden. Dabei würde sich eine finanzielle Geringerstellung der weiblichen Berufe zeigen.
M 9: Die Schüler werten die Tabellen aus und schreiben die Ergebnisse in Textform nieder.

> Die *Tab. 1* zeigt den absoluten und prozentualen Anteil von Männern und Frauen an der Gesamtzahl der Erwerbstätigen (Berufstätigen) und (gemeldeten) Arbeitslosen zwischen 15 und 64 Jahren. Dabei ist der Anteil von 21,391 Mill. Frauen an der Gesamtbevölkerung von 42,588 Mill. dieser Altersgruppe 1983 in Höhe von 50,2% zu berücksichtigen. Quelle ist das Statistische Bundesamt „Datenreport 1985".
> Die *Tab. 2* zeigt die Entwicklung von 1950–1984 für den Anteil der Erwerbstätigen in beiden Geschlechtern. Die Zahlen sind als Prozentangaben zu verstehen (x an 100). Auffällig ist eine Zunahme der Erwerbsbeteiligung der Frauen, insbesondere der verheirateten. Bezogen auf alle 15- bis 65jährigen Männer lag die Erwerbstätigkeit 1984 bei 81,4% und bei den gleichaltrigen Frauen bei 51,7%.
> *Tab. 3* vermittelt den gravierenden Unterschied im Einkommen. Dennoch konnten die Frauen über die Jahre etwas an Boden gutmachen. Die Verdienste der Arbeiterinnen lagen 1983 im Durchschnitt um fast 31% unter denen ihrer männlichen Kollegen. 1971 hatte der Abstand noch rund 36% betragen. Die entsprechende Spanne verringerte sich bei den Angestellten zwischen 1971 und 1983 von 40% auf 37%. Die deutlichen Einkommensunterschiede zwischen Frauen und Männern haben verschiedene Ursachen. Zum einen sind Frauen im Durchschnitt weniger gut ausgebildet und damit häufig in weniger qualifizierten Berufen tätig. Zum zweiten bleiben ihnen Tätigkeiten, die durch besondere Erschwernisse (Lärm, Hitze, Gefahr) gekennzeichnet sind, aber auch durch entsprechende Zuschläge abgegolten werden, völlig verschlossen (z. B. Bergbau, Hochofen). Außerdem wirkt sich aus, daß Männer mehr Überstunden leisten als Frauen und daß Frauen sowohl in den mittleren als auch gehobenen Führungspositionen unterrepräsentiert sind, selbst wenn man die Ausbildungsunterschiede schon berücksichtigt hat. (nach: Datenreport)

Die Schüler produzieren „Übersetzungen": Sie setzen die statistischen Ergebnisse und die Zahlenverteilung in M 8/9 in Texte um: Dabei nutzen sie Begriffe wie: Verteilung, Durchschnitt, Extremwerte, Maximum, Minimum, Häufigkeit, ... Miteinander wären die Ursachen für Ungleichheit zu erörtern: Der Zusammenhang zwischen typischer Rollenverteilung, geschlechtsspezifischen Vorurteilen und beruflicher Situation wäre herzustellen. Eine wertende Erörterung könnte sich anschließen: Ist eine Rollenveränderung wünschenswert?
Abschließend ließe sich erörtern, inwieweit die Vertreter eines Geschlechts an der Verbreitung und Stabilisierung von Vorurteilen und Stereotypen zu ihrem eigenen Geschlecht mitwirken: starker Mann (s. Hochkonjunktur im Bodybuilding) – schwache Frau (s. Modevorbilder und Befolgung der Mode).
M 10/11: Die Schüler erkennen aus der Gesetzesinitiative M 10, daß der „Verfassungsanspruch" des GG (M 11) wohl nicht eingelöst ist. M 10 geht von konkreten Diskrimi-

nierungserfahrungen in der „Verfassungswirklichkeit“ aus. Die Schüler geben Beispiele insbesondere zu Art. 1 (3). Sie machen konkrete Vorschläge zu Art. 2 (1) von den Beispielen ausgehend: Wie kann in dem konkreten Fall die Situation verändert werden? Die Schüler stellen an M 11 fest, daß das Gleichheitsgebot schon bei der Formulierung des GG gesehen wurde: Wie ließe sich sonst die Notwendigkeit für GG Art. 3 (2) erklären? Die Schüler erklären die Konsequenzen aus GG Art. 6 (2) und erstellen, von dem Plural (Eltern/ihnen obliegende Pflicht) ausgehend, einen Text vom Alltagsleben: Wie es wäre, wenn beide Elternteile (also Mann und Frau) der Pflicht gleichermaßen nachkommen würden?
Sie entwerfen in dem utopischen Text insbesondere ein anderes Bild und konkretisieren die Lebensweise: Eine Berufs- und Arbeitswelt, in der der Mann im selben Maße wie die Frau zu Hause ist und für die Kinder da ist, bzw. in der die Frau im selben Maße wie der Mann berufliche Karriere macht.

Natürliches und grammatisches Geschlecht – „männliche Sprache“

Diese Teilsequenz kann mit einer Aktion in der Klasse beginnen: Der/die Lehrer/in fordert die Klasse auf:

1. „Alle Schüler mal bitte aufstehen!“ – „Setzen!“
2. „Alle Schülerinnen mal bitte aufstehen!“ – „Setzen!“
3. „Alle Schüler bitte aufstehen!“ – „Setzen!“

(Anregung: Werner Jenning, Flensburg)

Die Schüler/innen müßten nach 2. in 3. zu einer anderen Reaktion als in 1. gelangen; sonst müßte man 1.–3. noch einmal wiederholen oder mit M 13 als stummem Impuls fortfahren und auf die Aktion zurückkommen.
Alternative:
Die Schüler werden mit folgendem *Rätsel* konfrontiert:

Ein Vater und sein Sohn machen im neuen Sportwagen die erste schnelle Probefahrt. Sie gehen zu schnell in eine Kurve und verunglücken schwer. Der Vater ist gleich tot. Der Sohn wird schwerverletzt ins Krankenhaus geliefert. Der Chirurg zieht die Decke von dem auf einer Tragbahre eingelieferten jungen Mann weg und sagt nur stöhnend: „Mein Gott, den kann ich nicht operieren, das ist ja mein Sohn!“ – Was ist los? Wer ist der Chirurg, wenn der Vater doch bei dem Unglück umgekommen ist?

(Auflösung: Die Mutter! – Die Antwort ist verblüffend, da die meisten bei „Chirurg“ eine männliche Person erwarten. Die angeblich „neutrale“ Berufsbezeichnung impliziert tatsächlich einen männlichen Rollenträger.)

M 12: Die Informationen lassen sich in Tabellenform umsetzen, überschaubar machen und um eigene Belege ergänzen:
1. Übereinstimmung des natürlichen und grammatischen Geschlechts:

männliche Nomen:	weibliche Nomen:	sachliche Nomen:
der Sohn	die Tante	das Auto

2. Abweichung zwischen natürlichem und grammatischem Geschlecht:

natürl.:	gram.: m	gram.: w	gram.: s
m und w	der Kunde	die Geisel	das Kind
m		die Wache	das Männlein
w			das Mädchen

Dabei müßte unter 2. auch die Form der (gram.) männlichen Bezeichnung für die (natürlich) weiblichen Vertreter z. B. eines Berufes, einer Personengruppe erscheinen: Nichtraucher.
Der Lehrer stellt zur Ausgangsthese die Frage, ob die behauptete Unterdrückung des femininen Genus bei Berufsbezeichnungen noch aktuell sei. Einzelne Schüler müßten im Gegensatz zur Darstellung bei Schmidt (1977) beobachtet haben, daß heutzutage eine Gegenbewegung gegen die Unterdrückung des femininen Genus bei Berufsbezeichnungen besteht. Mindestens aber wäre zu erörtern, ob es gleichgültig ist, von einem „Direktor" oder einer „Direktorin" zu sprechen.
M 13/14: Zunächst eigene Erfahrungen zur einseitigen und damit auch fahrlässig falschen (da gegen das natürliche Geschlecht verstoßenden, s. M 13) Benennung oder zur Unterscheidung des Geschlechts bei Personenbezeichnungen einholen; im Anzeigenteil einer Zeitung die geschlechtsneutralen und -spezifischen Stellenausschreibungen beobachten. Eine Argumentation aufbauen: Soll die Steuerberaterin ihr Schild ändern? Rückblick auf ein Antidiskriminierungs-Gesetz (M 10): Stellt die sprachliche Vernachlässigung des weiblichen Geschlechts eine Diskriminierung dar?
M 15: Der Text zeigt noch einmal deutlich die Argumentation aus der feministischen Perspektive anhand grammatischer Belege (M 20). Die Schüler können zu M 15 weitere Beispiele, aber auch Gegenbeispiele sammeln (s. z. B. auch abwertende Konnotationen zum männlichen Bereich: „herrisch", „Herr – Sklave", „Herr – Knecht", „Hampelmann" etc.). Die Schüler geben die Argumentation dieser Textvorlage einmal aus weiblicher und dann aus männlicher Perspektive wieder. Dabei können sie evtl. beobachten, daß sich kämpferische Töne in der linguistischen Debatte einstellen.
Zur Verdeutlichung der *Erfahrung einer sprachlichen Diskriminierung* sollten andere Diskriminierungen einbezogen werden: Streber, Spaghettifresser, Spasti, o. ä. Wenn alle Jungen in der Klasse als „Schülerin", „Männlein", „jefrau von euch" o. ä. bezeichnet würden, wollte wohl keiner so genannt werden.

Sprache verändern – Veränderungen erproben und diskutieren

M 16: Die Meldung zeigt die Reaktion einer Behörde auf die aktuelle Sprachkritik (im Gegensatz zu Schmidt, s. M 12). Die Schüler unterscheiden die eigenständige weibliche Lösung in M 16 „Amtfrau" gegenüber der Ableitung „Amtmännin" und erörtern die Lösungen.

M 17: Die Schüler bilden in M 17 weitere Alternativen zu den männlichen Formen im „sexistischen Sprachgebrauch" nach dem Muster der vorgegebenen Beispiele.
Die Schüler halten nun in einem kleinen *„Übersetzungs-Projekt"* Ausschau nach amtlichen Texten der Schulbehörde, die sie betreffen und die in der männlichen Sprache gehalten sind: z. B. Allg. Schulordnung NRW § 3 (3) „Der Schüler hat insbesondere das Recht, ... (4) Der Schüler hat die Pflicht, ..." oder: Schulmitwirkungs-Gesetz NRW § 12 (3) „Der Vorsitzende (Schülersprecher) und die Stellvertreter..." Die Schüler schreiben solche Texte so um, daß eindeutig beide Geschlechter gemeint sind und sich z. B. auch Mädchen als „Klassensprecherin" angesprochen fühlen können. Dabei ist zu ergründen, ob die Pluralform „die Schüler" nicht klanglich-assoziativ die weibliche und männliche Form umfassen.
M 18–20: Die Texte zeigen die Probleme eines aktuellen sprachlichen Änderungsprozesses: keiner der Formversuche ist bislang gesellschaftlich allgemein akzeptiert. Hier wird die sprachliche Konvention als Maßstab deutlich.
Die Schüler stellen die verschiedenen Änderungsmuster am Beispiel M 19 übersichtlich dar: Professor und Professorin; Professorin und Professor; ProfessorIn; Professor/in. Sie erörtern die Probleme, die vor allem im syntaktischen Zusammenhang bei pronominaler Wiederaufnahme entstehen (s. M 18). Sie stellen die Argumente der vorliegenden Kritiken heraus. Sie entwickeln eine eigene Argumentation als Antwort auf M 19 oder 20 in Form eines zustimmenden oder ablehnenden Leserbriefes, oder sie schreiben eine eigene Argumentation zum Thema „Änderungen der ‚männlichen' deutschen Sprache". Die Schüler überlegen, wie ohne großes Aufheben einige der Forderungen von M 15/17 verwirklicht werden könnten. Sie untersuchen den Stellenmarkt von Zeitungen auf die entspr. Formen hin: Es zeigen sich Tendenzen zur geschlechtsneutralen oder gleichstellenden Formulierung.

Der Sprache den Prozeß gemacht

M 21: Die Schüler verfassen zu dem Fall in Text M 21 eine Klageschrift der Klägerin und ein Urteil des Arbeitsgerichts. Dabei beachten sie den Aufbau: Klagebegehren ... / Begründung der Klage vs. Urteil ... / Begründung des Urteils. Dabei muß deutlich werden, daß die Klägerin ihre Begründung auf den gegenwärtigen Konnotationen zu „Herr" – „Frau" aufbaut, die immer noch einen Rangunterschied zeigen (s. die Gleichstellung in der höflichen Anrede „Meine Damen und Herren"!). Demgegenüber geht die Argumentation des Gerichts historisch vor, so daß es zu keiner Verständigung kommen konnte.
M 22–24: Die Schüler verfassen nach dem Muster von M 21 zu der Abweisung der Berufung durch das Bundesverfassungsgericht (M 22) eine eigene Pressemeldung. Sie überprüfen dazu als „kritische Journalisten" an den Artikeln aus dem Etymologie-Duden (M 23/24), ob die historische Argumentation in der Begründung des Bundesverfassungsgerichts stimmig ist. Die Schüler können den gesamten Fall auch als mündliche Verhandlung in einem Rollenspiel „Gerichtsszene" darstellen.
M 25: Die Autor*in Gerd* Brantenberg verfaßte mit „Die Töchter Egalias" (Norwegen 1977), ihrem „Roman über den Kampf der Geschlechter" (Untertitel), eine lustige Sa-

tire auf das Patriarchat. Indem sie die männliche Sprache auf den weiblichen Kopf stellt, macht sie deutlich, mit welcher Selbstverständlichkeit wir alle die männlich beherrschte Sprache sprechen und hören. Sie läßt die Frauen die traditionellen Männerrollen übernehmen und die Männer die weiblichen Rollen und Attribute. Die Schüler können die Texte in Teilen „rückübersetzen“, damit das Schreibmuster deutlich wird. Dazu können sie sich eine Tabelle anlegen:

Deutsch-Egalitanisch:	Männersprache Deutsch:
s. erweiben	s. ermannen
e. Kind bekommen	Vater werden
Direktorin	Direktor
Befrauschung	Beherrschung
Seefrau	Seemann
die Wibsche	Mensch
dam	man
etc.	

Neben den sprachlichen Entsprechungen können die Schüler auch die Übertragungen der Verhaltensmuster feststellen: M 25 z. B. Zeile 3 die Mutter liest die Zeitung beim Frühstück, Zeile 57 der Vater hat Lockenwickler im Bart etc. Hier zeigt sich schon die karikierende Schreibweise. Die Mutter setzt sich ein für die Gleichberechtigung des Mannes (Zeile 101–105).
Die Schüler können selbst eine Fortsetzung auf „Egalitanisch“ schreiben, z. B. ein Treffen im geheimen Jungenklub, die erste Ausreise von Petronius als Taucher mit den Seefrauen etc.

Mögliche Lernerfolgskontrollen

- Erkennen der grammatischen Formen in Texten: explizite männliche Formen und/ oder männlich/weiblich konnotierte Begriffe;
- Übersetzung eines traditionell geschriebenen Textes aus dem allgemeinen regionalen Schulrecht, der die Schüler betrifft (s. zu M 17);
- Interpretation eines Bildes, einer Werbeanzeige, eines Ausschnitts aus einem Heftchenroman, worin die typischen geschlechtsspezifischen Rollen vermittelt werden;
- Verfassen eines Textes auf „Egalitanisch“
- Erörterung eines Teilproblems der Sequenz, z. B. „Der Schrägstrich als Lösung?“

Varianten/Verzweigungen

- Ausgangspunkt könnte der Fall „Dame Rechenberg“ oder ein ähnlicher aktueller Fall sein.
- Die Schüler stellen selbst aktuelles Medienmaterial wie M 1–4 zusammen und erstellen eine Collage zum Thema.
- Zusammenarbeit mit Sozialwissenschaften/Politik (s. M 5–11).

- Ausgangspunkt kann auch eine literarische Reihe zum Bild bzw. Klischee der Frau / des Mannes in Erzählungen, Heftchentexten sein; dem können gegenübergestellt werden Auszüge aus Esther Vilar: Der dressierte Mann.
- Zusammenhang mit der Sequenz Nr. 10.

Literaturhinweise

Männersprache – Frauensprache:

Blinn, H.: Emanzipation und Literatur. Frankfurt: Fischer 1984.

Heuser, M. (Hrsg.): Frauen, Sprache, Literatur. Fachwissenschaftliche Forschungsansätze und didaktische Modelle und Erfahrungsberichte für den Deutschunterricht. Paderborn: Schöningh 1982.

Frauen/Bilder. Themenheft. DD 105/1989.

Frauen in Sprache und Literatur. Themenheft. DU 3/1986.

Frauenliteratur und Frauensprache. Themenheft. DD 68/1982.

Froitzheim, C.: Sprache und Geschlecht. Bibliographie. Wiesbaden 1980.

Pusch, L. F.: Das Deutsche als Männersprache. Frankfurt: Suhrkamp 1984.

Rutschky, K.: Frauensprache und Deutschunterricht. In: Informationen zur Deutschdidaktik H.3/1982, S. 74.

Schramm, H. (Hrsg.): Frauensprache – Männersprache. Frankfurt: Diesterweg 1981.

Tannen, D.: Du kannst mich einfach nicht verstehen. Hamburg: Kabel 1991.

Trömel-Plötz, S.: Frauensprache: Sprache der Veränderung. Frankfurt: Fischer 1982.

Dies.: Gewalt durch Sprache. Frankfurt: Fischer 1984.

Wex, M.: Körpersprache. In: Künstlerinnen international 1877–1977. Ausstellungskatalog, Berlin 1977.

Rollenstereotypen und soziale Benachteiligung:

Albrecht-Heide, A. / Brüggemann, B.: Zwischen Schule und Beruf. (Hg. Minister für Arbeit, Gesundheit und Soziales NW). Paderborn: Bonifatius-Druckerei o. J. (1981).

Benard, Ch. / Schlaffer, E.: Der Mann auf der Straße. Reinbek: Rowohlt 1984 (1980).

Frauenbericht. (Hg. Minister für Arbeit, Gesundheit und Soziales). Düsseldorf 1983.

Hauser, S. / Nave-Herz, R.: Herrin – Traumfrau – Arbeiterin? Thema „Frauen-Rollen"/„Geschlechtsrollenverhalten" im Deutsch-Unterricht – eine annotierte Bibliographie. Oldenburg 1986. Parlamentarische Staatssekretärin für die Gleichstellung von Mann und Frau (Hrsg.). Düsseldorf 1988.

Kloehn, E.: Typisch weiblich? Typisch männlich? Reinbek: Rowohlt 1982.

Ostermann, Ä. / Nicklas, H.: Vorurteile und Feindbilder. München: Urban und Schwarzenberg 1976.

Scheu, U.: Wir werden nicht als Mädchen geboren – wir werden dazu gemacht. Frankfurt: Fischer Tb 1983.
Theweleit, K.: Männerphantasien Bd. 1. Reinbek: Rowohlt 1983 (1980).

Konnotationen:

Schulte-Sasse, J. / Werner, R.: Einführung in die Literaturwissenschaft. München: Fink 1977, Kap. 7.
Wunderlich, D.: Arbeitsbuch Semantik. Königstein/Ts.: Athenäum 1980.

10. „Herz – Schmerz“ (Jg. 9/10)

Sachthema: Liebe – Annäherung und Entfernung
Textsorten: Assoziative Texte (Cluster-Technik), Briefe, Tagebuchtexte (Rollen-Texte), Versuche mit Gedichten und Liedern in freier Form, Ratgebertexte, szenische Texte (Dialogisierung)
Grammatisches Thema: Sprache der Gefühle – Expressionen, Formen der Verschlüsselung, der Kontaktaufnahme und des appellativen Sprechens
Materialangebot: s. Materialienband S. 107–116

Sequenzgliederung/Materialübersicht/Intentionen

Körpersprache – Bildsprache – Versprachlichung des Nonverbalen

M 1/2: Die Schüler notieren zu zwei Fotos Gedanken und Gefühle.
M 3: Die Schüler schreiben zu einem Foto ein Cluster und einen Clustertext.
M 4/5: Die Schüler schreiben zu zwei Fotos Rollendialoge.

Bilder und Begriffe für Gefühle

M 6: Eine emblematische Darstellung der Liebe von 1542 übersetzen und weitere Begriffsdefinitionen versuchen. Begriffe des Wortfelds „Liebe“ abgrenzen.
M 7: Die Blumensprache des 19. Jh. für eigene Produktionen nutzen.
M 8: Die Bildlichkeit der Anzeigensprache unserer Zeit als Form der Verschlüsselung von Gefühlen beobachten und Phantasietexte produzieren.

Die geformte Sprache der Gefühle in Liebesgedichten

A) Annäherung

*M 9–1***5:** Die Schüler beobachten die Formen der sensiblen und enthusiastischen Sprache in Gedichten der Annäherung. Sie schreiben selbst ähnliche Texte.

B) Trennung

M 16–22: Die Schüler unterscheiden den sprachlichen Ausdruck des Schmerzes, des Vorwurfs und der Hoffnung.

„Wenn ich dir raten darf.“ – Über Gefühlsprobleme sprechen

M 23: Aus der Darstellung einer Situation Hinweise für ein Problem und Ansätze für einen Rat gewinnen.
M 24/25: Leserbriefe aus der Briefkastenecke einer Jugendzeitschrift auf die Sprache der Gefühle hin untersuchen und in Antwortbriefen auf die Gefühle und Probleme eingehen.
M 26: Widerstreitende Gefühle in dem Bericht eines Jugendlichen erkennen und zum Ausgangspunkt für eine Beratung nehmen.

Gefühle in Szene gesetzt – Gefühle dialogisiert

M 27: In einem szenischen Dialog die Sprache der Kontaktaufnahme untersuchen.
M 28: Als Spielvarianten einer Szene verschiedene Formen der Kontaktaufnahme erproben und entsprechende Dialoge schreiben.
M 29: Probleme der Kontaktaufnahme im Anschluß an einen Schülertext beraten.
M 30–32: Zu Spielexposés Dialoge und Szenen entwickeln. Einen Comic erspielen.

Didaktischer Kommentar

Die *Reflexion über Sprache* zielt auf die „Sprache der Gefühle". Das ist zum einen die *nonverbale Sprache,* die am Verhalten sowie an der Mimik und Gestik in Situationen zu erkennen ist und in der Sequenz durch Bilder oder Szenen vorgestellt wird.
Das sind zum anderen die verschiedenen Formen der *verbalen Sprache,* die in der Sequenz für die Beobachtung und Reflexion bereitgestellt werden über Zeitungsanzeigen, Gedichte, Briefe mit Hilferufen an die „Briefkästen" von Jugendzeitschriften sowie Texte aus Jugendzeitschriften oder Schauspieltexte/-exposés.
Die Reflexion über Sprache kann *angebunden* werden an das vorgegebene Material und an die vielfältigen Texte der eigenen Textproduktion (s. u.). Eine *situative* Anbindung wäre möglich aufgrund von aktuellen Problemen in der Klasse, soweit die Lehrer sich darauf einlassen können (z. B. Thematisierung des sprachlichen Verhaltens zwischen Schülerinnen und Schülern, Eifersuchtsszenen bei der Klassenfahrt, liebevoller Abschied nach einer Fahrt ...). Sie wäre auch möglich bei Einbeziehung aktueller herausragender Filme zum Thema.
Die einzelnen Phänomene können in ihrem Wirkungsmechanismus für die Sprache der Gefühle *induktiv* angegangen werden: bes. Ich-Aussagen, Formen der Verschlüsselung (Metapher etc.), Formen der sprachlichen Konzentration in Gedichten (z. B. Beschränkung des Wirklichkeitsausschnitts, Bevorzugung bestimmter semantischer Felder aus dem Bereich „Liebe" etc.), die nonverbalen Elemente, die jugendsprachlichen Ausdrucksformen für Gefühle und die aus emotionalen Gründen nicht mehr regelhafte Syntax in Dialogen. *Wiederverwendung* finden die sprachlichen Phänomene bei der eigenen Textproduktion.
Im *Exkurs* zu ergänzen oder aufzufrischen wären ggf. Kenntnisse im Bereich der Lyrik, Unterscheidung der Adjektiv-Funktionen, die sprachlichen Mittel der Wertung, die Unterscheidung von Umgangssprache, Standardsprache, Gruppensprache, und Ideolekt (im Vergleich der Szenen und Gedichte möglich).
Die nonverbalen Formen der Expression lassen sich beschreiben und erklären oder auch in Sprache übersetzen (Sprechblasen, Bildunterschriften, innere Monologe etc.). Die verbalen Äußerungen in Texten dienen der Beobachtung und Analyse *sprachlicher Phänomene,* die im Bereich der Expressionen typisch und relevant sind. Die *Funktion* einzelner sprachlicher Formen für die Vermittlung von Gefühlen wird reflektiert. Der Jahrgangsstufe entsprechend werden in der Regel also nicht spezielle grammatische Phänomene neu eingeführt; vielmehr wird die Anwendung der Sprache in den Situatio-

nen und Texten des Gefühlsausdrucks untersucht. Es geht also um die „Grammatik im weiteren Sinne“ (vgl. Sequenz 8, S. 113).
Insgesamt kann bei einem weiträumigen Blick der Formenbestand deutlich werden, über den die Sprecher verfügen. Es kann dabei eine Erweiterung des eigenen sprachlichen Repertoirs stattfinden. Und es können die sprachlichen Formen kritisch angegangen, relativiert und variiert werden.
Didaktisches Ziel der Sequenz sollte sein, daß im Bereich der Gefühle keine Sprachlosigkeit herrscht, sondern daß die Schüler über eine Sprache der Gefühle verfügen: Kommunikation mit Gefühlsausdruck und über Gefühle soll möglich werden. So sind relevant zum einen alle Vorgänge auf der *Beziehungsebene* der Kommunikation, die an sprachlichen Signalen erkannt werden und aus ihnen gedeutet werden müssen, zum anderen die Vorgänge auf der *Inhaltsebene* der Kommunikation, soweit Gefühle thematisiert werden. (Watzlawick u. a.)
Im Ausdruck der Gefühle können Äußerungen *direkt intentional* sein, d. h. die Sprecher teilen ihre Gefühle mit, damit die Kommunikationspartner darum wissen. Sie können *indirekt intentional* sein, d. h. die Sprecher teilen ihre Gefühle (nur) in einer verschlüsselten Form mit, sei es wegen einer Hemmung, aus Höflichkeit, wegen eines Tabus, um die Kommunikationspartner nicht zu verletzen o. ä. Sie können *nicht intentional* sein, d. h. die Sprecher zeigen unabsichtlich ihre Gefühle. Darüber hinaus muß man davon ausgehen, daß Hörer auch aus Ungesagtem auf Gefühle schließen können. Für die Verständigung ist es wichtig, daß die Kommunikationspartner auch die ein Gespräch begleitenden Emotionen wahrnehmen. Als Schlüssel dazu müssen neben den Äußerungen auch die situativen Elemente (Kleidung, Raum, Licht) und alle nonverbalen Formen der Selbstdarstellung einer Person einbezogen werden. (Lohr/Ludwig)
„Alle Expressionshandlungen sind in besonderem Maße auf Wechselseitigkeit gegründet.“ (Wunderlich, 16f.) Mit Expressionen reagieren Sprecher auf vorangegangene Handlungen und Äußerungen, und sie initiieren damit nachfolgende. „Deshalb kommt es darauf an, zu erkennen, daß alle Verhaltensweisen auch eine expressive Komponente haben, mit der die möglichen Reaktionen gesteuert werden, und daß man geeignete initiative Verhaltensweisen zeigen kann. Jeder ist auch für die hervorgerufenen Expressionen mitverantwortlich.“ (ders.)
An *sprachlichen Phänomenen* sind u. a. die folgenden bei der Vermittlung von Gefühlen typisch und von Belang:

Sprache der Gefühle – Formen der Expression

- Sprechton: hart, sanft ...
- Sprechmelodie: gedehnt, säuselnd ...
- Sprechtempo: hastig, zögernd ...
- Anredeformen: du, Sie; Süße, Liebster; Hallo, ciao ...
- Interjektionen: ah, huch, oje ...
- als Interjektionen gebrauchte Imperative: komm! geh! ...
- emotionale Füllwörter: natürlich, sicher, irgendwie, ehrlich ...
- Redensarten: Was sich liebt, das neckt sich.
- Ich-Aussagen (Ausdrücke in der 1. Person, s. Wunderlich): Ich freue mich; ich bin glücklich; ich bin wütend; ich finde gut/schlecht, daß ...
- Rollen-Hinweise: Ich als ..., Ich würde meinen ...

- affektive Stufen: z.B. der Bejahung – ja/genau/prima/wunderbar/wahnsinnig; der Verneinung – nein/falsch/schlecht/fürchterlich/Quatsch (s. Lüscher)
- Vergewisserungsfragen: Nicht wahr?! Oder nicht?!
- Formen der Gruppensprache: anmachen, aufreißen, ...
- Kose- und Schimpfnamen: Bärlein, Schwachkopf...
- Begriffe für Gefühle im Fall klärender Gesprächssituationen und Erörterungen: Vertrauen, Niedergeschlagenheit, Liebe, Trauer, Haß, Freude, Wut, Angst...
- Stilformen der Übertreibung/Untertreibung: du bist die Schönste, ich bin wahnsinnig vor Glück, ich mag dich schon...
- Steigerungswörter (Hyperbeln ohne semantischen Eigenwert, s. Sowinski): riesig, irre, affengeil...
- Stilformen der Häufung: ich denk an dich dich dich...
- alle Formen der Verschlüsselung und Metaphern: einer muß ja das Eis brechen; mein Herz, du Räuber, schnuppern, anbändeln, steiler Zahn, ...
- Tabuwörter und ihre Umschreibungen (Periphrasen): Liebe machen ... (alle Textstellen in der Literatur, die Auslassungen statt eindeutiger Bezeichnungen vor allem im sexuellen Bereich zeigen)
- Anspielungen und Zweideutigkeiten (vorherrschend mit männlicher Perspektive): sich in die Kurve legen...
- in der Syntax sind oft expressiv bedingt: Satzbrüche (Anakoluth) – Ich geh, wenn überhaupt, geh ich mit dir. / Abbrechen (Aposiopese) – Wenn wir nicht... Ach lassen wir das. / Einschübe (Parenthese) – Heute – ja wirklich – will ich dir...
- unkonventionelle Neuschöpfungen zwischen Partnern: wir vollern, mein Buba...
- Konzentrierung auf das emotionshaltige Wort im Satz: vgl. Die Nachricht bestürzt uns. – Die Nachricht ist für uns bestürzend. – Die für uns bestürzende Nachricht... – Das Bestürzende an der Nachricht ist... (s. Sowinski)
- konnotationshaltige Wörter: Weib, rot...
- Euphemismen (verhüllende Formen): ableben statt sterben; wieder solo statt geschieden...
- kommunikative Riten: grüßen, danken, einladen, verabschieden, geloben, komplimentieren, entschuldigen, Witze erzählen...
- Kontaktgespräche: Plauderei, Höflichkeitsgespräch, Intimdialog, Affektentladung etc. (Mackeldey)
- expressive Sprachhandlungen: loben, tadeln, vorwerfen, kritisieren, Komplimente machen
- etc.

Im Unterricht läßt sich daraus nur der Teil behandeln, der jeweils im Material vorgegeben oder von den Schülern eingebracht wird.

Die *Rezeption* von Bildern und Texten ist Ausgangspunkt für das eigene Schreiben: Fotos aus dem Lebensumkreis Jugendlicher, Bilder zur „Blumensprache“, Bild-Text-Kombinationen (Emblem, atmosphärische Bilder zu Gedichten, Karikatur); Gedichte, Briefe, Szenen.

Die eigene *Textproduktion* soll möglichst frei verlaufen können. Es handelt sich also vornehmlich um kreative Ausgestaltungen: spontan durch Assoziation zu den Bildern ausgelöste Texte, Versuche zu eigener Lyrik, Erstellung von Spielszenen u. a. Daneben kommt es zu Rollen-Texten, in denen die Schüler auch eigene Vorstellungen, Träume oder Erfahrungen verschlüsseln können: fiktive Dialoge, Liebesanzeigen, Liebesgedichte, Briefe, Tagebucheintragungen. Schließlich kommt es noch zu reflektierenden Texten: Begriffserörterungen, Problemklärungen in Ratgebertexten oder Tagebuchtexten.

Dabei sollen die Bild- und Textvorlagen im wesentlichen Impulse für eigene Produktivität sein: Anregungen und nicht Schreibmuster. Außerdem bieten die Vorlagen viel authentisches Material im Bereich des „privaten", individuellen Schreibens. Das Dilemma, daß im Unterricht nicht privat geschrieben wird bzw. werden kann, soll überbrückt werden durch die Auseinandersetzung mit Texten, deren Autoren bereits einmal das „Risiko der Veröffentlichung" eingegangen sind, und andererseits durch Formen des Umsetzens emotionaler Erfahrungen in fiktive Schreib-Rollenspiele.
Da „die Gefahr des formelhaften unpersönlichen Sprechens im Bereich der Gefühlsempfindungen und Gefühlswertungen zumeist größer ist als im Bereich rational bestimmter Mitteilungen" (Sowinski, 72), kommt es darauf an, das Repertoire zu erweitern und ein authentisches Sprechen, in dem die Sprecher mit sich selbst identisch sind, anzustreben. Von daher kann es bei der Textproduktion unter dem *Bewertungsaspekt* nur um den Ausschluß des Formelhaften und des Klischeehaften gehen, während größtmöglicher Spielraum im Kreativen zu geben ist. Der These, „daß die deutsche Sprache zum Ausdruck von Gefühlen wenig vorteilhaft eingerichtet ist" (Lohr/Ludwig, S. 13) kann man nicht einfach zustimmen. Auch die vielfältige Produktion emotionsgeladener Texte in der Gegenwart (z. B. von Jugendlichen wie im Material) spricht dagegen. Allerdings zeigen sich Normierungen in der Massen- und Medienkultur der Gegenwart; demgegenüber sind Entwicklungen in der Sprache der Gefühle in der Subkultur zu beobachten (Disko-, Altersgruppensprache etc.).
Methodisch müssen im Umgang mit dem Thema der Sequenz die Eröffnungsstunden so angelegt werden, daß die Äußerungsversuche von Schülern generell geschützt werden und eine aktive Toleranz in der Klasse entwickelt wird: geradezu ein Interesse am anderen Menschen; andererseits sind auch manche Schüler vor Selbstentäußerungen und Selbstbloßstellungen zu schützen.
Rollenhandeln und Probehandeln können die grundlegenden Arbeitsmethoden für die Schüler sein, daneben ein Experimentieren mit Sprache.

Methodenhinweise

Körpersprache – Bildsprache – Versprachlichung des Nonverbalen

M 1–5: Der Einstieg in die Sequenz kann über Bildimpulse gewonnen werden. Sie haben den Vorteil, daß man sich von vornherein auf andere Personen/Figuren einläßt und damit eine Ebene im Unterricht eröffnet, auf der zunächst in geschützter Form über Gefühlsausdruck gesprochen werden kann. Sie haben zudem einen starken Aufforderungscharakter für eine Verbalisierung des Gesehenen. Dabei sind verschiedenste Formen der Textproduktion denkbar: Zu den einzelnen Bildern jeweils
- Gedankenblasen, Sprechblasen
- Bildunterschriften, Bildtitel (als wären die Bilder für einen Katalog vorgesehen)
- innere Monologe, Dialoge
- eine zum Bildmotiv passende Geschichte, in der die Bildszene Anfangspunkt, Mittelpunkt oder Endpunkt sein kann

- Beschreibung der Situation, Personen, Handlung, Gestik, Mimik und Ausdruckssignale: genaue Beobachtung der Körperteile und ihrer Ausdrucksmöglichkeiten
- Übersetzung der Gestik und Mimik – der Gefühle – in eine sprachliche Wendung: z.B. „Warum sieht der bloß nicht mehr her?" (M 2) – „Schade, daß du nun gehen mußt! Das macht mich traurig!" (M 4) etc.
- Clustertexte (s. u.) mit einem Bild als Cluster-Kern (z.B. M 3)
- Szenenentwürfe mit einer Konfliktlage und -entwicklung (bes. zu M 2, 4, 5)
- Bildkritik: z.B. zum Klischeehaften oder Sentimentalen eines Bildes sowie zum Fotografischen (z.B. M 1, 3)
- Bildvergleich (z.B. M 1 und M 3), -kontrast (M 4 und M 5)

Außerdem können Bilderfolgen für eine Textproduktion zusammengesehen werden:
- Geschichte zu einer Motivfolge (z.B. M 2 – 3 – 1 – 5 – 4)

Freie Texte, die nach der *Cluster-Methode* (G. Rico) entstehen:

> Schreibhinweis: Man sammelt Einfälle zu einem Thema mit der Cluster-Technik: Man schreibt das zentrale Wort eines Themas als einen Kern für weitere Ideen auf ein leeres Blatt und rahmt ihn mit einem Kreis ein. Nun läßt man – ähnlich wie bei einem brainstorming, bei dem viele miteinander Einfälle produzieren – diesmal alleine Assoziationen zu dem vorhandenen Kern kommen und gruppiert sie in Kreisen um den ersten Kern; die neuen Kerne sind dann wieder Ausgangspunke für weitere Assoziationen. Statt eines Wortes kann auch ein Bild Kern eines Clusters sein (s. M 3).
> So entsteht allmählich eine Traube, ein Schwarm (engl. cluster) von Gedanken oder auch ein Spinnennetz, wenn man die zusammengehörigen Kerne miteinander verbindet.
> Mit dieser Materialsammlung schreibt man nun einen Text. Dabei kann man weglassen oder ergänzen, was sinnvoll erscheint. Es entstehen Texte in der Art von Schilderungen, „moderner Assoziationslyrik" oder problemorientierten Essays.
> Worte für Cluster-Kerne: z.B. Liebe, Sich kennenlernen, Herz, ...

Alle Schülertexte können im weiteren Verlauf der Sequenz als Materialbasis für die Reflexion über die Gefühlssprache herangezogen werden. Insbesondere ist im Anschluß an die Textproduktion *Gruppenarbeit* möglich, in der die Schüler selbst Kategorien und Arbeitswege für die *„Erforschung der Gefühlssprache"* aufstellen.

Bilder und Begriffe für Gefühle

M 6–8: Die Schüler erkennen Bilder als Formen der Poetisierung oder der Verschlüsselung von Gefühlen.
M 6: Die Schüler übersetzen den Text zu dem Emblem des Andreas Alciatus von 1542. Die *Embleme* des 16.–18. Jahrhunderts haben immer einen Bildteil (pictura) mit einer szenischen Darstellung aus der Natur, Geschichte, Bibel, Mythologie ..., eine Überschrift (inscriptio) in Form eines Mottos, Spruchworts, Titelstichworts o. ä. und einen auslegenden Textteil (subscriptio), der das Bild erläutert und oft eine Verhaltensregel (Moral) gibt. Alle drei Teile erklären und ergänzen sich gegenseitig.
„Liebe" ist in M 6 in der Kraft des kleinen „Cupido" dargestellt. Inhaltlich ist wichtig, daß die Menschen dem Liebesüberfall des Cupido ausgeliefert sind. Die Schüler erken-

nen und erklären das Gestaltungsprinzip der Embleme. Sie gestalten selbst ein Emblem zu einem der folgenden Begriffe. Außerdem nutzen sie das *Wortfeld* zum Kernbegriff „Liebe" zur *Begriffserörterung,* zur Definition und Abgrenzung gegeneinander.

Liebe, Freundschaft, Kameradschaft / Clique, Gruppe / Zärtlichkeit, Zuneigung, Erotik, Sex, Sympathie / Enttäuschung, Abschied, Verlassensein / cool, high / anmachen, aufreißen, kennenlernen, Kontakt aufnehmen / Sehnsucht, Wehmut, Herz, Schmerz, Gefühl, Wärme

In der Auseinandersetzung mit den Begriffen unterscheiden die Schüler sehr bildhafte Begriffe (z.B. Wehmut < Weh = weh-rufen, eine Interjektion + mut = Gemüt, Sinn; Abschied < scheiden = trennen; s. Scheidung, Scheideanstalt ...) und eher abstrakte Begriffe (z.B. Liebe < Ableitung vom Adjektiv lieb; Freundschaft < Ableitung von einem mit frei verwandten Adjektiv).
Die Schüler können diese Begriffsgruppe nutzen, um zu Nachbarbegriffen (Liebe – Freundschaft – Kameradschaft; Zärtlichkeit – Erotik; Zuneigung – Sympathie ...) oder Kontrastbegriffen (Zuneigung – Ablehnung; Liebe – Sex; anmachen – verlassen; Sehnsucht – Enttäuschung ...) *Begriffserörterungen* zu verfassen. Sie führen argumentativ und mit Beispielen eine Abgrenzung der Begriffe durch und legen dabei die Begriffsinhalte offen: Sie schreiben, was sie unter dem betreffenden Begriff verstehen. Sie können andererseits einzelne Begriffe für ein Problemgespräch, eine Auseinandersetzung in der Klasse nutzen (auch im Vorfeld einer schriftlichen Begriffserörterung).
Die Schüler können zudem in der Auseinandersetzung mit der begrifflichen Seite der Gefühle *semantische Felder* erstellen:

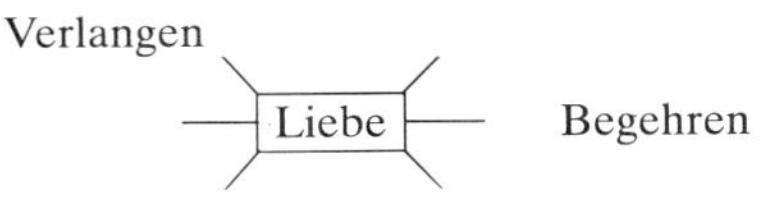

ebenso: Trennung etc.

Ebenso *Wortfamilien:*

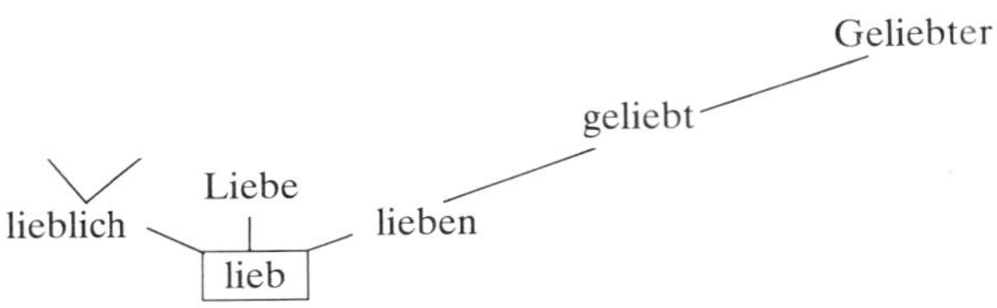

Dabei lassen sich unterschiedliche Qualitäten von Gefühlen unterscheiden und zuordnen.
M 7: An der „Blumensprache" (19. Jh.) können die Schüler beobachten, daß sich zu der Verschlüsselungsform „durch die Blume sprechen" ein ganzer Code entwickelt hat, aus dem hier ein winziger Ausschnitt gezeigt ist. Die Blumen sind dann Bildsymbole für eine Aussage: s. Bild-Untertexte. Die Schüler können aus Blumenversandhaus-Prospekten Blumen ausschneiden und selbst Zweizeiler entwerfen: Sie legen bei der Auswahl der Blume fest, was mit ihr dem Freund / der Freundin gegenüber gesagt werden

soll. Die Schüler erkennen außerdem die Poetisierung des Ausdrucks als Funktion des Umgangs mit Blumen.

M 8: Aus den Anzeigen können die Schüler die „Verschlüsselung" als Funktion der unterschiedlichen sprachlichen Verfahren erkennen: Kosenamen, aus dem Tierbereich (Schäfchen, Maus ...), der kindlichen Erlebniswelt (Brummbär) und allgemein der Natur (Federvieh, Pflänzchen, Sonnenschein, Schnupp); Kindersprache (babytalk: putt putt putt); Appellative (Herbert! Geliebtes Weib!); Ich-Aussagen (Ich liebe Dich. Ich mag deine Augen.); fremdsprachliche Verschlüsselung (My big Stormy!); Evozierung von Idyllen (Insel); wertende Adjektive (holde, traurige); Andeutungen (vor allem zum Erhalt der Anonymität in der Veröffentlichung: AS, Schmitz 2; und inhaltlich bestimmte Vorgänge andeutend: Ja das „leider" ...); etc.

Die Schüler können selbst Anzeigen schreiben (Rollen-Texte!)

Die Schüler können bei der Auswertung des Materials selbst einen Katalog sprachlicher Phänomene erstellen oder einen vorgegebenen Katalog wie oben (S. 137f.) heuristisch benutzen.

In der *Reflexion* über die festgestellten Phänomene wird es sodann um die Frage gehen, warum die Menschen ihre Gefühle auf solche Weise mitteilen bzw. verschlüsseln. Dazu sind zunächst einzelne Beispiele zu *entschlüsseln:* z. B. „Brummbär" als Bild für → Behaglichkeit, Wärme, Zufriedenheit, Geborgenheit (s. Brummbär als wichtige Figur in der Kindheit vieler Menschen).

Die Schüler stellen *bildhafte Redwendungen* zur Gefühlssprache zusammen, z. B. die in die verbale Sprache übergegangene Körpersprache:

> den Kopf hochtragen, den Kopf verdrehen, jemandem schöne Augen machen, jemanden mit Blicken durchbohren, von oben herab ansehen, verschnupft sein, das Herz schlägt bis zum Hals, mir fällt das Herz in die Hose, jemandem die Hand reichen, jemanden um den Finger wickeln, jemandem die kalte Schulter zeigen, sich in die Brust werfen, das geht ihr unter die Haut etc.

Es kann die Funktionsweise der *Metapher* induktiv erarbeitet werden:

BILD	„Herz"	–das zentrale Körperorgan ❤	= Bildspender
		–Liebe als zentrale Lebenskraft	= Bildempfänger

Es kann die Ableitung der Metapher aus einem Vergleich dargestellt werden.
Vergleich: Träume sind wie Seifenblasen: sie zerplatzen. ┐
Bild: Deine Träume sind ja doch nur Seifenblasen! ←┘

Und es kann der Bezugspunkt herausgestellt werden:

Schäfchen	Schäfchen
(kleines Tier)	(hier: der Geliebte)
konkret	übertragen

Vergleichspunkt (tertium comparationis)
gemeinsam: zart, „niedlich", wollig, warm, liebenswert ...

Daraus läßt sich erkennen, daß die sprachlichen Bilder eine ganze Reihe von Gefühlseindrücken erfassen.

Die geformte Sprache der Gefühle in Liebesgedichten

M 9–22: Mit einem weiten Literaturbegriff sind hier Texte von anerkannten Lyrikern wie auch von Jugendlichen zusammengestellt. Wesentliches Merkmal ist der Versuch „verdichteten Sprechens", „das gegenüber der Alltagsrede durch Mehrdeutigkeit abgegrenzt" werden kann (s. Fingerhut, Begleitheft S. 6f.), das zumindest eine tiefere Bedeutung anstrebt und eine vertiefte, geformte Aussage macht. Dabei ist das Aussprechen von Empfindungen, das Vermitteln von Gefühlen und subjektiven Erfahrungen der wesentliche Inhalt der Texte.
Die Gedichte können Anlaß zur Reflexion über die Sprache der Gefühle sein und zugleich Impuls zum Schreiben über Gefühle, Erfahrungen und Vorstellungen im Themenbereich. Erfahrungen, Wünsche und Phantasien können bei der Textproduktion unmittelbar in der Form der Erlebnislyrik oder in Form von Rollen-Gedichten, d.h. mit einem klar vom eigenen Ich abgegrenzten „lyrischen Ich", umgesetzt werden.
Der *Formaspekt* ist bei der eigenen Produktion frei zu handhaben: es wird bei den Schülern vor allem zu assoziativen Texten und zu reflektierenden Texten mit dem wesentlichen Formmittel des Zeilenbruchs kommen. Die Reimbindung birgt oft das Problem der Banalisierung.
Die Gedichte sind in zwei Themenbereiche aufgeteilt:
M 9–15: *A) Annäherung* – M 16–22: *B) Trennung:*
Mit den Bildern, die zu M 10/11 gehören, können die Schüler angeregt werden, in ihren Texten eine konkrete Situation zum Ausgangspunkt zu nehmen. M 14/15 zeigen dagegen, wie Umgebung, Natur- und Landschaftselemente zu Bildern für die Liebe werden. Hinzu kommen die Ich-Aussage (M 13) und die Du-Anrede (M 9, 15) sowie die stille Zwiesprache als Kommunikationsform.
An sprachlich auffälligen Formen sind auf Anhieb zu erkennen (vgl. Katalog S. 137):

M 9: Hyperbeln (tausend, hohe, groß, Gewitter...), Interjektion (ach), Wiederholung (mit Dir, zusammen), Ich-Aussagen (ich bin froh) etc.;
M 10: Sinnesausdrücke (gucken, summen, fühlen), Appellative (Wie gut..., Und jetzt hab ich Zeit!);
M 15: vor allem die Metaphern.
Ähnlich würde man die anderen Texte auf ihre zentralen Wirkungsmittel hin sichten und den durch sie vermittelten Gefühlsausdruck beschreiben.

Die Texte zur „Trennung" zeigen andere Gefühlslagen: Schmerz und Enttäuschung nach der Trennung (M 17); die bange Erwartung und dann das Selbstvertrauen (M 18); das Getrenntsein, ehe es anfing (M 19); Erkenntnis durch Trennung (M 20); Wiederaufleben der Gemeinschaft und Freude nach einem Zurückkommen (M 21); Selbstbefreiung und aufrechter Gang nach der Trennung (M 22).
Als sprachliche Mittel fallen besonders auf: Tempus der Vergangenheit (M 17, 19, 20, 21), semantisches Feld negativer Wertungen (M 20, 22), adversative Konjunktionen

(M 20, 21), Appellative (17, 19), Fragen (M 19, 20), komplexere Syntax bei der Reflexion der Erfahrung oder Prognose (M 17, 18, 22) etc.
Die Schüler können selbst „Liebesgedichte" mitbringen, an denen ihnen die Sprache der Gefühle auffiel, und der Klasse vorstellen.

„Wenn ich dir raten darf." – Über Gefühlsprobleme sprechen

M 23–26: Diese Teilsequenz ist stärker problemorientiert. Die Texte sind verschiedenen Jugendzeitschriften entnommen. So wird unterstellt, daß sie einen winzigen Einblick geben, mit welchen Problemen sich Jugendliche im Themenbereich abgeben. Offensichtlich wird vielfach der Briefkasten einer Zeitschrift gewählt, um über Probleme mit den eigenen Gefühlen zu sprechen. Im Vertrauen auf Anonymität wird um Rat gefragt. (Allerdings Vorsicht: Es heißt auch, daß manche Hilferufe von einer geschickten Redaktion mit dem Blick auf die Adressaten selbst geschrieben werden).
Sprachlich sind in den Briefen und Berichten besonders auffällig: die Wertungen von anderen Jugendlichen (Freunden/Freundinnen etc.) und von Situationen: gutaussehend, super, lustiger Abend, schwerwiegender Fall etc.; umgangs- und jugendsprachliche Formen: Schleicher, Love-Story, sauer etc.; Einbeziehung wörtlicher oder indirekter Rede; Fragehandlungen; elliptische Syntax (Krieg ich zur Antwort) etc.
Die Ausgangstexte können für Ratgebertexte genutzt werden, in denen die Schüler den Ratsuchenden Antwort geben. Für diese Ratgebertexte übernehmen die Schüler die Rolle von antwortenden Freunden oder Freundinnen oder der Psychologen aus der Briefkastenecke der Jugendzeitschrift (s. literarisches Rollenspiel, Eggert/Rutschky).
Die Antworttexte könnten ebenfalls ganz persönlich, aber anonym verfaßt und in einem „Redaktionsbriefkasten" (Schuhkarton) abgelegt werden. Damit ließe sich erreichen, daß evtl. offen über die Probleme gesprochen wird, im Schutz der Anonymität der selbst produzierten Texte. Ebenso könnten anonym Briefe mit Anfragen in den Briefkasten geworfen werden. Die Briefe sollten verschlossen sein und mit Schreibmaschine oder in Druckbuchstaben geschrieben, wenn man diesen Problembriefkasten in der Klasse ernst nehmen will. Ansonsten kann man die vorgelegten Briefe auch zu allgemeinen Problemdiskussionen in der Klasse nutzen und einvernehmlich eine Antwort verfassen.
Die Schüler können schließlich selbst Leserbriefe schreiben, in denen sie Probleme aus dem Feld der Jugendfreundschaften darstellen und um Rat nachsuchen. Das sprachliche Ziel dabei wäre, die Probleme auf der Gefühlsebene angemessen und verständlich zu vermitteln. Dazu müssen die Briefschreiber ihre Ich-Figur hinreichend vorstellen und mit Beispielen des konkreten Verhaltens arbeiten.

Gefühle in Szene gesetzt – Gefühle dialogisiert

M 27–32: Mit den Texten M 27–29 kommt die Jugendsprache aus Stücken des Jugendtheaters zu Wort. Hier fallen eigene Prägungen für Gefühlsausdrücke auf: anmachen, abfahren, echt gut, . . . Dabei kann je nach sprachlicher Entwicklung die Sprache auch auf den aktuellen Stand der Jugendlichen gebracht werden. Die Texte M 27 und M 28 stehen in einem Zusammenhang: rankommen – anmachen. Der Text M 29 soll eine

Reflexion über das darin enthaltene Problem auslösen. Er kontrastiert zu der Selbstverständlichkeit der Texte M 27/28. Die Schüler können die Szenen M 27/28 erspielen. Sie können sie aber auch als Beobachter von außen sehen und darüber berichten. In der Beobachtung an der Sprache sollten die zentralen gefühlshaltigen Stellen ermittelt (s. S. 137 und zu M 9–22) und die Sprechweise erprobt werden: szenisches Interpretieren. Dabei sollte die von Slang durchsetzte Sprache von M 27 in M 28 auf einem anderen Niveau erprobt werden. Die Schüler schließen zu M 27 von der harten Ausdrucksweise auf die dahinterstehende Unsicherheit.
In der Reflexion und Anwendung der Gefühlssprache konzentrieren sich die Schüler vor allem auf die nonverbalen und verbalen *Formen der Kontaktaufnahme*. Dabei unterscheiden sie die Inhalts- und die Beziehungsebene der Äußerungen:

> „Die Gemeinsamkeit des Sprechens ist also das wichtigste Element in der gesellschaftlichen *Konversation:* der Gesprächsstoff ist zweitrangig. Daher ist bei der Auswahl des Gesprächsstoffes ein Grundsatz wirksam. Da der Zweck dieser Art Unterhaltung die Herstellung einer Gemeinsamkeit ist, sind wir sorgsam darauf bedacht, Gesprächsstoffe auszuwählen, über die Übereinstimmung unmittelbar möglich ist... Mit jedem neuen Einverständnis, gleichgültig wie abgedroschen oder wie selbstverständlich es auch ist, schwindet die Furcht und der Verdacht des Fremden, und die Möglichkeit einer Freundschaft erweitert sich. Wenn die weitere Unterhaltung ergibt, daß wir gemeinsame Freunde oder politische Ansichten oder künstlerische Neigungen oder Hobbys haben, ist eine Freundschaft gegründet, und echte Kommunikation und Kooperation kann beginnen.“ (Hayakawa, S. 88f.)

Die Schüler beobachten also Sprachhandlungen der Konversation in den selbst erstellten Szenenvariationen von M 28. Sie schreiben eigene Dialoge und Szenen: Wie zwei Jugendliche Kontakt aufnehmen. Dabei wählen sie selbst die möglichen Partner, Handlungssorte und Gesprächsstoffe.
Zu den Spielexposés M 30/31 und dem Comic M 32 können eigene Szenen als Schauspieltext (Dialog und Anweisungen) geschrieben und erspielt werden. Die Exposés bieten dabei konzentrierte Ansätze für mehrere verschiedene Szenen an. Gefühle sind im Spieltext in der Sprache der Figuren und in den Regieanweisungen zu bedenken, auszuformulieren oder zu kommentieren. Die entstehenden Texte sollten die äußere Form von M 27/28 erhalten: Sprecherleiste, Sprecherwechsel, Hinweise zur Situation, zum Auftreten und zur Sprache in den Regieanweisungen.

Mögliche Lernerfolgskontrollen

Da es in dieser Sequenz häufig auch um unmittelbaren oder verschlüsselten Gefühlsausdruck der Schüler geht, ist sorgfältig zu erwägen, was überhaupt unter dem Aspekt der Bewertung produziert werden kann. Hinzu kommt das Problem, daß oft der unkonventionelle Ausdruck oder Text typisch für Expressionen ist. Dennoch können im Verlauf der Sequenz Texte zur Beurteilung herangezogen werden, die entweder klar als Rollentexte entstehen, oder Texte zu Themen, die auch im Rahmen einer öffentlichen Auseinandersetzung möglich wären:

- Begriffserörterung, -definition, -abgrenzung (s. o. zu M 6),
- ein argumentativer Ratgebertext (s. M 23–26)
- Dialogtext/Szene zu einer Erzählvorlage oder einer Bildvorlage (s. M 30/31, 4/5)
- sprachliche Analyse der Formelemente der „Sprache der Gefühle" (s. o. S. 137) und ihrer Funktion im Handlungszusammenhang eines Textes.

Varianten/Verzweigungen

- Die Dialogisierung (s. letzte Einheit) vor den Ratgebertexten (s. davor) behandeln und die Probleme bei der Kontaktaufnahme in die Beratungssituation/Ratgeberbriefe mit aufnehmen.
- Von einem Jugendbuch ausgehend das Thema aufgreifen und in der Lektüre vorrangig das Thema dieser Sequenz erarbeiten, dann die Sprache der Gefühle in einzelnen Textstellen untersuchen:
  Chidolue, D.: Lady Punk. Weinheim: Beltz (s. Jugend-Literatur-Preis '86)
  Chidolue, D.: London, Liebe und all das. Beltz
  Eykman, K.: Liebeskummer. Beltz
  Herfurtner, R.: Rita Rita. Aarau: Sauerländer
  Lundgren, M: Ole nennt mich Lise. (Auswahlliste 1973)
  Pressler, M.: Bitterschokolade. Weinheim: Beltz (Gulliver 4)
  Welsch, R.: Einmal sechzehn und nie wieder. rotfuchs.
- Die Schüler stellen selbst eine Sammlung von Fotos und Gedichten zum Thema zusammen, veranstalten eine Ausstellung.
- Sie werten Jugendzeitschriften zum Thema aus.
- Bezug zu der Sequenz Nr. 9.

Literaturhinweise

Boueke, D. / Schülen, F.: „Personales Schreiben". Bemerkungen zur neueren Entwicklung der Aufsatzdidaktik. In: Boueke, D. / Hopster, N. (Hrsg.): Schreiben – Schreiben lernen. Tübingen 1985, S. 277ff.

Eggert, H. / Rutschky, M. u. a.: Literarisches Rollenspiel in der Schule. Heidelberg: Quelle & Meyer 1975.

Fingerhut, M. u. K.: Liebeslyrik. Begleitheft für den Lehrer. Frankfurt: Diesterweg 1983.

Friebel, H.: In der Schule nicht für die Schule schreiben? In: DU 4/1982, S. 53ff.

Gallert, Th.: Alltägliches als Anlaß zum Schreiben. In: DU 4/1982, S. 41ff.

Hayakawa, S. I.: Sprache im Denken und Handeln. Darmstadt: Verlag Darmstädter Blätter 1967, S. 88f.

Lohr, St. / Ludwig, O.: Gefühle – ein Thema für den Deutschunterricht? In: PD 43/1980, S. 11ff.

Lüscher, M.: Signale der Persönlichkeit. Stuttgart 1973, S. 135ff.
Mackeldey, R.: Alltagssprachliche Dialoge. Leipzig: Enzyklopädie 1987, Kap. 4.5, 6.2.3, 6.2.4.
Marx, W.: Das Wortfeld der Gefühlsbegriffe. In: Zeitschrift für experim. und angewandte Psychologie 29/1982, S. 137ff.
Morris, D.: Der Mensch mit dem wir leben. München: 1978.
Rico, Gabriele: Garantiert schreiben lernen. Reinbek: Rowohlt 1984.
Riesel, E.: Emotionalität im Stil der Alltagssprache. In: Der Stil der deutschen Alltagsrede. Leipzig 1970, V. Kap.
Sowinski, B.: Deutsche Stilistik. Frankfurt: Fischer (Tb) 1982 (1972).
Themenheft: Tabu. In: Sprache und Literatur 60/1987.
Watzlawick, P. u. a.: Menschliche Kommunikation. Bern 1969.
Wunderlich, D.: Gefühle ausdrücken – Gefühle erkennen. In: Thema: Sprache (Neue Ausgabe), Bd. 5, Lehrerhandbuch. Frankfurt: Hirschgraben 1986, S. 16ff.